解開生命的密碼

——八識規矩頌講記

釋寬謙 著

〔自序〕從《八識規矩頌》出發的修行

一九八六年，我於新竹法源講寺出家，披剃於覺心長老座下。開山祖師斌宗師公，是最早將天台宗「教觀雙美」道風，引入臺灣的僧人，開創臺灣講經說法風氣之先，期許臺灣的佛法從此源源不絕，流注眾生心。繼承此道風，從一九八七年起，我開始在常住開講佛法課程，也在佛學院、大專院校授課，而後說法空間漸漸向外延伸，自國內外受邀弘法，至二〇〇二年電視弘法與雲端直播。說法的內容涵蓋了學佛整體次第，以及中觀、唯識與真常的大乘三系，共為四部分，其中唯識系的《八識規矩頌》最具特色。今年出版的本書，乃是繼影音弘法後的另一嘗試，實感誠惶誠恐，若有不足與疏漏之處，尚請諸位方家予以指導。

我是從《八識規矩頌》入唯識之門，而得以開啟對生命現象較為深刻的理解，當我豁然開朗後，就很希望能將自己從中受益的修行啟發，與大眾分享。因此繼發行《唯識學入門——八識規矩頌暨唯識三十頌》DVD後，十多年來一直醞釀著出版解讀《八識規矩頌》的文字書。但由於北投覺風佛教藝術教育園區的整頓建設、固定的海內外弘法行程，占去多數時間，出書也為之一延再延。今年，因著法鼓文化發心促成，期待已久的書終於出版問世，此書積累我二十多年講授《八識規矩頌》課程，及相關唯識經論的學習經驗，期望有志研究唯識學者，因此更容易踏進唯識的修行。

本書分為五講，第一講「生生不已的生命之流」，從無盡時間與十法界，闡發《八識規矩頌》：影響超凡入聖的關鍵在於第六識，如能以第六識為修行的下手處，便能帶動八識轉識成智、跳脫輪迴的機會，並走上「只問耕耘，不問收穫」的菩薩道。第二講「八識、五蘊與百法」，從完整的百法架構，對應五蘊，認識八識規矩，八識則重於其中的心王、心所與色法三者。八個心王與五十一個心所的業用，尤其是根本煩惱、隨煩惱等二十六個心所的對治。在圖表中，很容易看清八識各個的心所分布狀態，而能清楚認識心所，如有一面鏡子，即時照見情緒的起伏，度一切苦厄。接著第三講揭櫫了「成佛的修行地圖」，從凡情的執著，走向聖者的解脫；從起初的增上求福，而到菩薩道的發勝義菩提心，經過三大阿僧祇劫的修行，完成自利利他，指出了明確的、正確的方向與目標。以上三講，都是為八識，鋪設整體修行的時間與空間觀。

第四講「凡夫的情執」，進入《八識規矩頌》凡情部分的偈文，從第六識、第七識、第八識及前五識，依照軌則，將各識的性、境、量、所屬界地、相應心所、依緣與體相業用，逐句解說。第五講「超凡入聖的轉識成智」，是聖智頌文的說明，一樣依照軌則：觀行、斷惑轉智、果用，逐識釋義。希望書中的圖表，能提供知生活、識生命、入勝諦的指標。

回想當年在自學的摸索過程中，以建築學的專長，藉著畫圖與圖表輔助，依眼、耳、鼻、舌、身五根，緣著色、聲、香、味、觸五境，起了眼、耳、鼻、舌、身五識，而前五識又依於心。心的層面有深淺之分，第六識受到前五識的影響，不斷地往外攀緣，而胡思亂想，因此是這顆心最上面、最淺層的部分。再往下即是第七末那識更深的細意識，專門無間斷地提供呼吸、心跳、循環、新陳代謝等根身的生命現象，卻又是自私自利的習性所在。第八阿賴耶識即是最深的心，記錄了所有一切起心動念的善惡種子，於是畫出了「八識熊掌圖」，透過圖像表達「八個兄弟共一胎，一個伶俐一個呆，五個門前做買賣，一個在家把帳開」的八識架構。

每個八識熊掌圖，就是一輩子的生命時段，藉著第七、八兩識因緣的連結，而串起無始無終的「生生不已的生命之流」。記得早期每每閱讀印順導師的著作，總向家父（楊英風）心得報告，家父條理出「十法界」的空間圖表，開啟我透過圖表來圖解佛法的概念。我又架構「三大阿僧祇劫的修行過程」的時間圖表，希望有助於人們打開唯識學寬廣深奧的領域。《八識規矩頌》正是轉迷起悟、轉染成淨、轉凡成聖、轉識成智的入口處。

期待大家藉著本書，按圖索驥，能理解並超越凡夫的特性，朝向聖道而修行，發願累劫宿世實踐普利眾生的菩薩道，直到成佛的究竟圓滿境界。

目錄

〈第一講〉

生生不已的生命之流

一、《八識規矩頌》是修行指南

（一）學唯識解生死煩惱

《心經》是一般人最熟悉的佛經，只有短短的二百六十個字，卻被譽為佛學小百科；《八識規矩頌》也只有少少的三百三十六個字，卻是轉凡成聖、轉識成智的成佛地圖。

如果說《心經》專談「性空」，專門破除自性妄執而解脫生死，心量小者走上解脫道，幫助自己解脫；心量大者走上菩薩道，幫助眾生解脫。《八識規矩頌》則是專談「相有」，以清清楚楚的法相，讓我們看懂自己為何有煩惱、有生死、有輪迴。當我們了解生死是怎麼回事，輪迴是怎麼來的，就會知道解脫生死的修行，沒有捷徑，就是依著《心經》般若系的法性空慧，配合《八識規矩頌》唯識系的細密法相，老老實實地修行，最為重要。

我們生活的世間是生滅不已的，因緣和合而生，因緣離散而滅，過程中不斷

般若：緣起性空

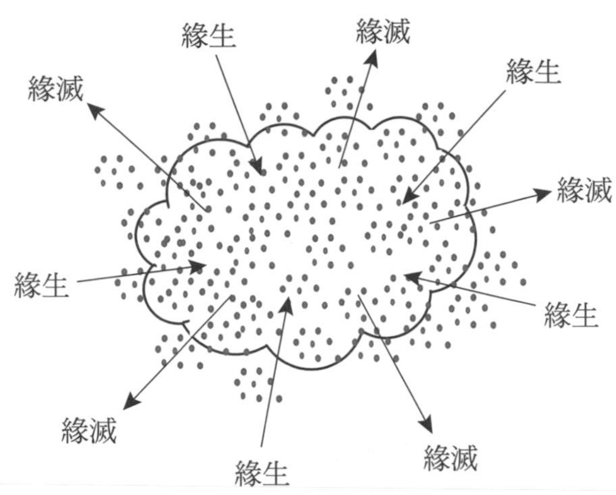

緣生＋緣滅＝
- 緣起
- 性空：否定
  - 單一性
  - 不變性
  - 實有、主宰性

＝平等性

地變動。世間明明是千變萬化、瞬息萬變，可是我們的肉眼，只能見到種種現象的表相，唯有以慧眼透視，觀察諸法相有的深度因緣，也就是法性空慧，才能不為現象所迷惑。

性空與唯識是佛教思想的兩大學系，性空學系重在「性空」：也就是因緣法；唯識學系重在「相有」：由因緣和合所生的果報現象。如果此二系能兩相運用，相輔相成，可以從裏子（性空），看到面子（相有），也可以從面子看透裏子。

性空學是宇宙人生的真理法則，唯識學則是道盡宇宙人生的一切現象。「性空學」如同球賽的遊戲規則，靜靜默默，卻是裁判依據的標準，放諸四海皆準之。「唯識學」則如同球賽的現場，比賽狀況瞬息萬變，播報員必須伶牙俐齒，才能即時準確報導，甚至鼓動觀眾的情緒，帶動比賽的熱烈氣氛。

唯識學因為名相眾多，讓人往往不知從何入手，是佛教界公認難以學習的科目。我剛開始學習唯識學時，也十分納悶為何要把佛法講得這麼複雜、難懂呢？《八識規矩頌》為何要將簡單的一顆心，分為八個複雜的心識呢？如果唯識學對修行無益的話，確實不需要耗費時間與精神學習，我直到學習了很多年以後，才明白唯識學是如此重要的修行指南，道盡了生死輪迴的現象。很多人覺得唯識複雜難懂，讓人愈學愈煩惱，但是非常奧妙的是，唯識學其實是以詳實細密的方法分析煩惱，助人解開生命的密碼。

唯識學之所以如此複雜，主要是唯識重視現象的描述，其次是因為心王與心所非常複雜，包含今生現前現象的執著，及宿世以來的煩惱習性。學習唯識能幫助我們轉迷啟悟、轉染成淨，讓善業增多，惡業減少。

我學佛是從唯識學《八識規矩頌》入門，因為大學就讀建築系的背景，讓我習慣使用圖表來理解分析問題，研究佛法也是如此。我一邊研讀文字，一邊繪成圖像，文字與圖像兩相運用，讀完《八識規矩頌》文章時，也畫好圖表，連起了「生生不已的生命之流」的生命時間觀。我從中發現了十法界眾生，盡虛空界的空間觀，時間與空間的複雜交錯，不就是我們所處的世間嗎？當我重新建構生命的時空觀，找到修行方向後，非常希望能將這些學習心得與圖解佛學的方法，與大眾分享。

「唯識學」是「佛教中的心理學」。佛教特別注重心理作用，因為心理作用的關係，從過去世、現在世到未來世，不停地造作業力，而透過這些業力紀錄，可以清楚整個生命的生死輪迴。因此，想要破解生命密碼，不再生死輪迴，就必須學習唯識學，而《八識規矩頌》是一方便入徑。

（二）《八識規矩頌》思想起源

佛陀在世八十年，沿著印度恆河兩岸，說法四十五年，佛陀入滅後，進入原始佛教時期，一味和合了一百多年。因為對戒律的看法不同，引起部派的分裂。各部派為了宣揚各自修行的理論，紛紛造了許多阿毘達磨論典，其中西北印的說一切有部，論師與論書的影響力非常強大。有部的根本論《發智論》，經過論師們三百年的長期論究，編輯合成《大毘婆沙論》。

初期大乘佛教，由印度龍樹菩薩（一五〇—二五〇年）根據原始佛教時期四部《阿含經》、部派佛教阿毘達磨論典的甚深空義，以及初期大乘佛教傳出「緣起性空」相關的般若經典，而造「中道不二」的《中論》、《大智度論》等論典，大乘佛教從此不再依傍小乘聲聞，卓然自立，形成大乘「性空學系」。因此，漢傳的大乘佛教地區，咸稱龍樹菩薩為大乘的八宗共祖。

說一切有部始於西元前三世紀，到後期大乘佛教依然持續發展，尤其是世親論師（三六〇—四四〇年）造《阿毘達磨俱舍論》等論典，後來經兄長無著菩薩的引導，開始造大乘論典，如《唯識二十頌》、《唯識三十頌》、《大乘五蘊論》等。無著與世親菩薩的諸多論典，形成大乘「唯識學系」。因為地處西北印，與北傳到中國的佛教，關涉甚深。

中國唐代玄奘大師（六〇二—六六四年），感慨於佛教的經典與論典，東傳不全，仍有許多疑惑，無法得以解決，於是冒著生命危險，西行印度取經（六二九—六四五年），於那爛陀寺向住持戒賢法師學習。戒賢法師乃世親菩薩再傳弟子護法的徒弟，玄奘大師飽學而歸，朝野景仰。玄奘大師得到唐太宗的大力支持，於長安設立譯經院，參與者皆諸方學德，翻譯出《大般若經》、《心經》、《解深密經》、《瑜伽師地論》、《成唯識論》等，共計一千三百餘卷，可謂中國譯經數量最多者。玄奘大師之學，由弟子窺基法師繼之，而加以發揚光大，開創了中國「法相唯識宗」。

玄奘大師一生「譯而不作」，除了介紹印度、西域遊歷見聞的《大唐西域記》，是近代印度考古學家不可或缺的考察佛陀聖蹟文獻，就只留存《八識規矩頌》流傳世間，於翻譯數百卷唯識經論後，將唯識學的「八識」，提綱挈領所做的總結，影響後世至鉅。

（三）《八識規矩頌》組織結構

《八識規矩頌》道盡凡夫轉成聖者，再由聖者圓滿成佛的過程，詳細指出成佛的修行道路。玄奘大師著作的《八識規矩頌》，以四句為一偈，共四十八句，合計十二偈頌。將「八識心王」分為四類：1.眼、耳、鼻、舌、身等前五識；2.第六意識（簡稱第六識）；3.第七末那識（簡稱第七識）；4.第八阿賴耶識（簡稱第八識）。每類各做三頌，前二頌介紹「凡情」，後一頌探討「聖智」，每類各十二句，解說超凡入聖的方法，以及轉識成智的過程和境界。

《八識規矩頌》的內容，說明了八識心王和心所，所緣的性、量、界地等諸法之間的關係。其中，影響超凡入聖的關鍵在於第六識，如能以第六識為修行的下手處，便有轉識成智的機會。首先轉第六識為妙觀察智，再轉第七識為平等性智，三轉第八識為大圓鏡智，最後前五識自然轉為成所作智，完全不再生死輪迴，而圓滿成佛。

識	凡情	聖智
前五識	性境現量通三性，眼耳身三二地居， 遍行別境善十一，中二大八貪瞋癡。 五識同依淨色根，九緣八七好相鄰， 合三離二觀塵世，愚者難分識與根。	變相觀空唯後得，果中猶自不詮真， 圓明初發成無漏，三類分身息苦輪。
第六識	三性三量通三境，三界輪時易可知， 相應心所五十一，善惡臨時別配之。 性界受三恆轉易，根隨信等總相連， 動身發語獨為最，引滿能招業力牽。	發起初心歡喜地，俱生猶自現纏眠， 遠行地後純無漏，觀察圓明照大千。
第七識	帶質有覆通情本，隨緣執我量為非， 八大遍行別境慧，貪癡我見慢相隨。 恆審思量我相隨，有情日夜鎮昏迷， 四惑八大相應起，六轉呼為染淨依。	極喜初心平等性，無功用行我恆摧， 如來現起他受用，十地菩薩所被機。
第八識	性唯無覆五遍行，界地隨他業力生， 二乘不了因迷執，由此能興論主諍。 浩浩三藏不可窮，淵深七浪境為風， 受熏持種根身器，去後來先作主公。	不動地前纔捨藏，金剛道後異熟空， 大圓無垢同時發，普照十方塵剎中。

一般在唯識學授課或研習，常會一起比對《八識規矩頌》與《唯識三十頌》，但是對初學者來說可能不易理解，容易困在眼花撩亂的名相裡，而打退堂鼓。我建議初學者可以先理解《八識規矩頌》，再進階探究《唯識三十頌》，因為《八識規矩頌》是從我們熟悉的煩惱凡夫狀態，直接破題切入，再循序漸進解說，由凡情轉聖智的過程。

《八識規矩頌》將八識分為四個部分：前五識、第六識、第七識、第八識；《唯識三十頌》則分為三個部分：1.將前五識和第六識，合為前六識，為了境能變；2.第七識為思量能變；3.第八識為異熟能變。由此可知，《八識規矩頌》特別著重於前五識與第六識的分別介紹，將我們所慣用的前六識分析地更精細，對於有生之年的現實現象分析，有獨到之處，我認為這是《八識規矩頌》的一大特色。

為方便初學者學習唯識，本書著重於以《八識規矩頌》為學習唯識的架構基礎，雖然也解釋重要名相，但較多著墨於轉凡成聖與轉識成智的整體架構，所以不採取傳統逐句解釋偈頌的解經方式，而特地輔以各種圖表，以加速理解《八識規矩頌》的修行要領。

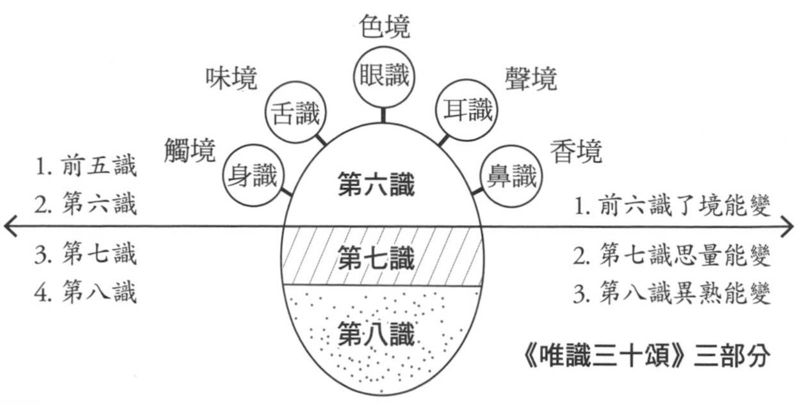

將《八識規矩頌》頌文重新拆解、相互比對，能更理解前五識、第六識、第七識、第八識的內容與關係，明白八識之間到底有何不同、有何關聯，並能觀照自己的心、意、識，清楚自己的起心動念，是煩惱的惡念或是可貴的善念，知道造作的是惡業或善業。甚至能微細了知是宿世的習性或現世的分別，是根本煩惱或隨煩惱，為小隨煩惱、中隨煩惱或大隨煩惱。唯有徹底知道自己在三界生死的流轉，皆如是因緣、如是果報，才能真正踏上成佛的修行道路，轉識成智。

以學習英文的失敗經驗為例，許多人強用死記的方式，先拚命背單字，背片語，甚至背文法，如此埋頭努力的結果，卻是湊不起整句語言，不敢用英文和人交談。問題出在沒用英文邏輯來思考，只是死記單字、片語而已，英文學得如此支離破碎、不得其解，遇到外國人當然開不了口。反觀小孩子學英文，根本不管單字如何拼音，片語如何連結單字，就直接哇啦哇啦地講，不管文法、不管對錯，直接表達想法，隨著年齡增長，再漸漸學習單字、片語、文法的結構與應用，這樣的英文學習方式，就顯得簡單多了，而不以為懼。

我們學習唯識，經常苦於名相多如繁星，如果只死背名相，卻不懂得整體架構系統，就會愈學愈痛苦，反而徒勞無功。不但無法活用於對治煩惱，更會望而卻步，縱然學佛修行的寶典，就擺在眼前，也視同畏途，放棄學習的人，比比皆是，那就太可惜了。這就如同落入錯誤的學習英文模式，從死記、死背的點滴拼湊方式學習，必然無法學以致用。

有鑑於此，我建議大家反過來學習，就像孩童學英文一樣，只要試著表達意思，就能達到溝通解決問題的目的。本書將會以這樣的方式，先透過《八識規矩頌》的架構，以按圖索驥的方式來介紹唯識學，讓我們直接面對生死輪迴，回到現實生活，活用唯識找到成佛的修行道路。

一般人初次聽《八識規矩頌》課程，多半糊里糊塗，即使兩遍、三遍下來也是如此，這都是很正常的。有位法師也曾認為唯識學很難學習，直到聽了六遍、八遍後，才覺得聽懂了。有位居士剛觀看《八識規矩頌》DVD，雖然聽不懂，卻是一集一集地接著聽，愈學愈有興趣，聽了十回以上，終於明白一些，而能運用方法。事實上，唯識學確實很難讀懂，唯識課程縱然聽過很多回，《八識規矩頌》即使讀過好幾遍，可能還是一知半解，最好的學習方式就是放下名相，多多熏習唯識的思想觀念，在重新溫習後，對於內容架構都會更為清楚。

二、唯識的生命觀

如果修行一直停留在生活層次，只思考短暫的今生，將活得浮光掠影，至多僅能修得人天福報。修行要深入生命的層次，才能了生死得自在。人命在呼吸間，當一口氣還在，稱為生活，一口氣不在，此生就結束了。

（一）何謂生命

所謂的「生命」，不只是指活著，也包括死亡。人活著的時候，終日忙著爭名利、爭地位……，不知道這些只是一時現象，當一口氣上不來，名利、地位等種種現象，無法帶走，無法成為依靠，「萬般帶不走，唯有業隨身」，認識業力，是生命中最重要的功課。

人們習慣以線性的方式解釋生命，例如回想此生種種往事，出生於哪一年，十歲、二十歲、三十歲、四十歲、五十歲，發生什麼重大的事件，如此一直延續下去，雖然每個人都不知道自己能活到幾歲，卻必定清楚：不可能免於一死。從生到死的這一段，是最為熟悉的部分，至於生前與死後，則只能保留種種問號：為什麼會有生死現象呢？生從何來？死往何去？……。

從唯識的角度來看，我們能夠感受自己的生命，是因為擁有眼根、耳根、鼻根、舌根、身根的生理功能，接觸了外在的色境、聲境、香境、味境、觸境的物理現象，引發了眼識、耳識、鼻識、舌識與身識的心理作用，而最主要的關鍵是「心識」。就心識來說，唯識學將「眼識、耳識、鼻識、舌識、身識」合稱為「前五識」，屬於心理作用；能思考與分別的識，則稱為「第六識」，屬於統合前五識的心理作用。

前五識，也是心理的作用，屬於「自性分別」，分別能力比較單純，也就是眼識能看到某人來了，卻不知道是誰，必須經過第六識的分別，才知道是誰，而且不僅知道是誰，還記得對此人的印象與感覺。「眼識、耳識、鼻識、舌識、身識、意識」，合稱為「前六識」。前六識屬於生活經驗的粗分別，因為只感受到「相有」，本身是粗糙的表相，由深細的因緣所構成，而我們活著的根身（眼根、耳根、鼻根、舌根、身根）總體組合，不只是粗糙的前六識，還有更深細的第七、八兩識，第七識記錄了宿世的「緣」，第八識記錄了宿世的「因」，藉由第七、八兩識的因緣，構成了「生生不已的生命之流」。由此可知，唯識學不僅談的是現在世的心理學，更架構了宿世的心理學。

由於平日忙碌於眼根、耳根、鼻根、舌根、身根，接觸了外在的色境、聲境、香境、味境、觸境的現實世界，而引發了眼識、耳識、鼻識、舌識、身識的心理作

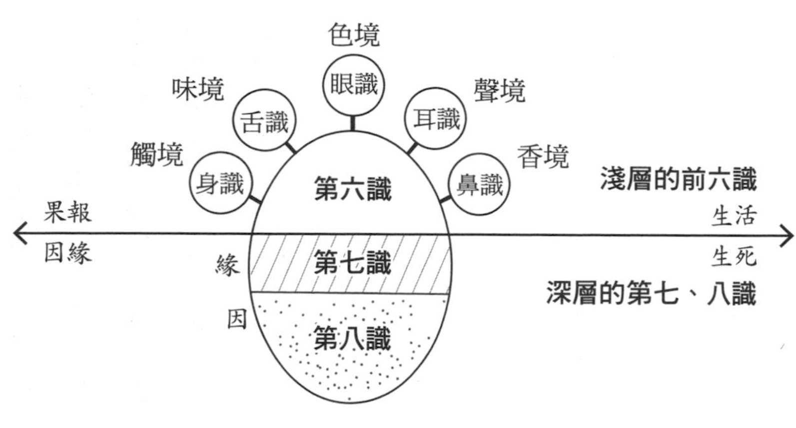

用，意識也隨之而忙碌，往外奔放，以為自己「很用心」，其實根身與心識都被外在世界現象所蒙蔽與牽制，不得自主、無法自在，而渾然不覺。當我們的思緒是表相而淺薄的，就不會想要探索更深層的心識。學習唯識學，能幫助我們了解淺層和深層的心，淺層是關於前六識；深層則是關於第七識與第八識。

（二）淺層的唯識生活

眼、耳、鼻、舌、身、意前六識，每天都為生活而汲汲營營。科技文明的發展進步，能改善生活品質，但是擁有再高的身分、地位和再多的財富，卻無人能長生不死。若沒有透過學佛提昇自我，更無法改善生死的品質。我們要珍惜此生有限的生命，並知道生命還有更深層的部分，需要更謙虛地學習與探究。

如果不願探索深層的生命，只將人生重點放在淺層的日常生活，便只能如動物一般生死疲勞，無暇顧及其他，而錯失修行機會，至死都不明白生命的究竟。特別是有些人只追求眼、耳、鼻、舌、身的感官享受，一旦感官的能力增強了，思考能力卻相對減弱，便不會去探索生命本質、覺察人生的意義，臨終便後悔莫及，只能隨業流轉六道了。

眼、耳、鼻、舌、身前五識功能，幾乎都是處理日常生活問題，但是只有在活著的時候才能發揮功能。何謂死亡？也就是主管生命泉源的第七、八兩識，脫離第六識，第六識失去功能，根身也就沒有生命的現象，前五識全部不管用了。因此我們有生之年，必須珍惜人身、把握當下，用功修行，沉澱身心、探索生命。

（三）深層的唯識生命

唯識學特別切割出第七識以及第八識，是為了方便解釋「識」的深淺。第八識是生命的泉源，專門儲藏善與惡的種子。第七識的最大特性就是雜染不淨，只顧著自我的執著不放，本身就是雜染，必須放下執著，雜染才能轉為清淨。唯識學能詳實細密地分析各種生命意識執著的現象，提供改變生命的機會，從轉染成淨乃至轉識成智。

我們生活中的前六識，都是透過第七識，傳達來自第八識的生命泉源。第七識與第八識，關係至為密切，就依止來說，第七識依於第八識，第七識是能依，第八識是所依。而事實上，第八識亦依止於第七識，兩者相互依存，除非第七識轉染成淨，也就是第七識的雜染消失，僅剩餘第八識。第六識則隨時被前五識，帶著往外攀緣五境，前六識往外奔放，第七識只往內與第八識密不分離，直至死亡，第六識與第七、八兩識才會分離。

我們活著的時候，根身具有生命力，前六識、六根如同電氣用品，插上插頭（第七識）接電源（第八識），輸送第八識的電源，讓前六識、六根充滿生命泉源，可以生龍活虎、活蹦亂跳、任意來去；所謂死亡，就如同第七識的插頭脫落，即使還存在第八識的電源，讓前六識、六根因無法通電而停擺不動，如同廢鐵，再也沒有生命的現象，無法活存。於是第七識帶著第八識去投胎轉世，經過中陰時期，記錄在第七、八兩識中的因緣，會大量成熟，決定下輩子的引業，引到六道其

生生不已的生命之流

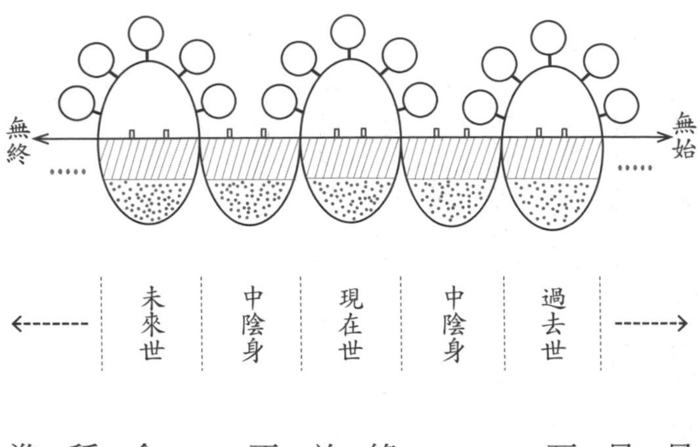

中一道，而由滿業決定富貴貧賤的程度。因此第七、第八識是生命深層的部分，於人往生時最後離開，卻是下輩子最早來投胎的意識。所謂的中陰時期，也就是此生死亡到下輩子投胎之前，只有第七、八識，生死相伴。

生死是密不可分的，人一出生，就必須接受總有一天會死亡的事實。不管一生成就輝煌，權傾天下，終究不能逃離死亡。生命的流程中，第七、八兩識是並存的，但是種子、因緣等的紀錄，則是隨時隨地都不停地改變。

例如上佛學課程，從上課到下課，心裡的種子也會有所不同，多上一堂課程，就會多增加一些佛法的種子。我們隨時隨地都在起心動念，善惡念頭不停地進進出出，就像電腦的硬碟，儲藏龐大的資料，不斷地輸入與輸出資料，雖然內容不易被覺察，在死亡當下，大量的因緣，將透過中陰期排列組合，決定來生的果報。

第七、八兩識如同飛機上的黑盒子，一直都在默默地進行記錄，一旦飛機失事了，黑盒子就成為主角，從中了解飛機平時的飛行狀況，包含：機器設備、飛機上所有工作人員的談話。如同我們平日活著，第七、八兩識盡責地做記錄，包含：起心動念的任何善惡種子、人際之間所結的善惡緣分。這些被記錄的種子，起初都是隨眠的狀態，不具任何力量，但是等到眾多善因與善緣成熟，就會變現出福報來；眾多惡因與惡緣成熟了，就會變現出業障來。所有的因緣會全自動地排列組合，物以類聚，這是佛陀教導我們的真理法則，也是宇宙人生的遊戲規則，也是「緣起性空」的道理。我們要看懂球賽，就必須先懂得球賽的遊戲規則，我們想要看懂人生，更需要理解與體驗人生的遊戲規則。

（四）生生不已的生命之流

無始劫的過去到現在，從現在到無盡的未來，生命既沒有起點，也沒有終點，

前世今生

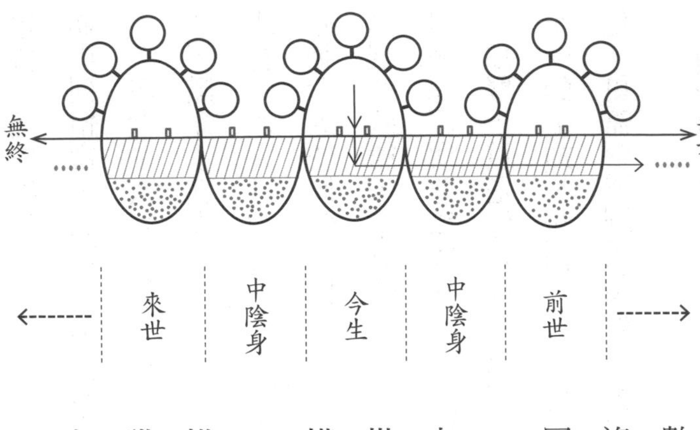

這條無始無盡的生命，就稱為「生生不已的生命之流」。如同數學上的數線，兩端都是射線，沒有最大的數，也沒有最小的數，但可從中定出零點，如同現在，沒有最小的數，如同無始的過去世；沒有最大的數，如同無終的未來一般。

我們的生命現象就是如此，過去世、現在世、未來世，一段一段地流轉，我們想要透過前六識，了解前世，此路不通，如果是透過深層的第七、八兩識來順藤摸瓜，追本溯源，則有機會得知。

《前世今生》（*Many Lives, Many Masters*），是描述透過催眠治療而了解過去世。催眠讓我們的前六識，完全沉靜下來，藉由第七、八兩識，串連到前生。如果理解生生不已的生命之流，不僅此生可以規畫生涯，來世也能預先安排。醫學上的催眠只是被動的狀態，我們可以透過禪修、禪定，主動地達到追溯前世今生的目的。

透過禪定而獲得的神通，稱為「宿命通」，由於入定時，前六識沉靜下來，讓第七、八兩識活躍而穿透時空，追溯前世的種種。現在世的前六識，如同浮在表面的河流、池水、湖泊等，而第七、八兩識，如同貫穿連結表面水域的地下水脈。可以主動地透過理論基礎與實修的經驗，肯定過去世是藉著深層的第七、八兩識，流轉到現在世的，而接受現在世的一切果報，展望未來世的福報因緣與智慧資糧，而做更精進地用功。

佛法並非只有觀念理論，還必須要修行實踐，但是如果不清楚理論，則找不到修行著手處。因此，唯識學對於第七、八兩識的探索方式，除了從理論打通思想，還需要不斷地學習與實踐。因為生死的層次是更深遠的，前六識只是此生的生活層次，只能解決有生之年的問題，對於生前死後的世界，則是一籌莫展，所以需要探索生命第七、八兩識的層次。

我們落在無始無終的、隨業漂流的生命之流，如何解脫自己的生死之苦？如何協助眾生解脫輪迴？這些都需要實踐解脫道與菩薩道的修行，所以必須要從唯識學的種種「相有」的現象中，來尋找答案了。

（五）理解宇宙遊戲規則

宇宙人生的真理法則就是因緣法，最透徹的是般若經典，與龍樹菩薩所造的《中觀論頌》、《大智度論》等論典。我們執著於虛妄分別的「自性」妄執，所以落在追求「單一、不變、實有主宰」的自性上，而認為生死一定有其端點。人之所以會執著煩惱，是因為看不懂生命現象，不理解因緣法則，如同我們清楚了球賽的遊戲規則後，對於遊戲所呈現出來的種種現象，也就了然於胸，能夠清楚掌握球賽的細節與狀況。

假如我們能由般若經典，理解了人生的遊戲規則，人生不也就看得明明白白了？因此，當我們認清了般若緣起性空後，還需要搭配《八識規矩頌》為生命的指南、修行的導航，讓我們知道修行的問題：是出在淺層意識或深層意識？是來自宿世果報的習性或現世的業力因緣？

（六）看懂人生萬象

人生的萬象，就是每個人起心動念的善因、惡因，與人結善緣或惡緣，造成的善惡業力，善業力將呈現出福報，惡業力將呈現出業障。有些人會抱怨自己為何一生懷才不遇、生不逢時？為何自己總是徒勞無功，別人卻能福星高照、一帆風順？人生命運的好壞，皆由自己的起心動念善惡業所造成。不要抱怨業障深重，福報不足，所有的福報、業障，其實都是過去所造就出來的結果，也就是「自作自受」，因緣果報，絲毫不爽。

因此，我們有生之年所造作的一切業力，過程雖然有福報或業障的現象暫時留存，不過終歸還是會緣滅的。直到我們一口氣上不來的時候，這輩子所擁有的一切家屬、學位、事業、財富、地位等，終將隨著這期色身的緣滅，而「萬般帶不去，唯有業隨身」！業，就是因、緣的紀錄，「因」記錄在第八識，而「緣」就記錄在第七識。根身壞死，因為第七、八兩識脫離，經過一段中陰期的結算，善惡因緣所呈現的成績單，第七識帶著第八識，找到與我們因緣最深的父母，投胎轉世。

十二因緣

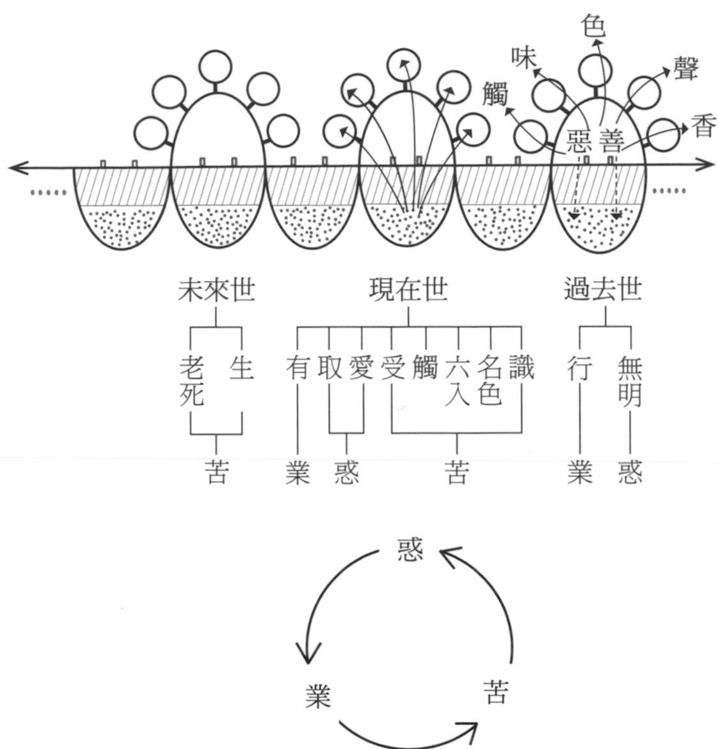

十二緣起中的「識」，就是第七、八兩識，去尋找父母投胎轉世，第七、八兩識中記錄著過去世的無明（惑），與行（業），準備成為今生的果報體（苦）。最簡單的生命輪迴就是惑、業、苦，如環之無端。今生的開始，是由「識」去投胎，結合父精母血（色）成為「名色」。第八識的種子，成長出今生的果報體：眼根、耳根、鼻根、舌根、身根及意根，也就是「六入」。等到九、十個月，六根長全了，瓜熟蒂落，成熟出胎。出胎後依於六根，緣於六境，而生起八識，名為根、境、識和合相「觸」，這是我們認識世界的開始。我們的生日是「觸」的開始，但這期生命的起始是投胎之時。「觸」後即有「受」，有可意受、不可意受，對「受」的敏銳與遲鈍，是與生俱來的習性。

今生有受，也就有「愛」，有愛就想去「取」著，愛與取都是今生的惑，又在無明中，造作業力而「有」，於是感生未來世的「生」與「老死」的果報。因此，無論今生所得到的福報或業障，都是自己過去所造下的因緣和合而來，都得接受。福報現前要加以珍惜，業障現前也要以「強化」的心，歡喜納受。而今生我們又依著業報體，繼續造作未來世的善惡因緣，因此我們要以「淨化」的心及善因緣，沖淡及改善未來的業障。

三、十法界眾生

成佛的歷程，是三大阿僧祇劫中的修行，從時間來看，是透過「生生不已的生命之流」；從空間的架構來看，則是有情眾生的一切處所。可分成十大類，佛法稱之為「十法界」。

十法界眾生由六凡加四聖所構成，六凡即是六道輪迴的眾生，包括三善道的天、人、阿修羅道；三惡道的餓鬼、畜生與地獄道。人道眾生，因為一念迷，迷於相有，而淪為凡夫，也因為一念覺，覺悟於因緣法，而有機會超凡入聖，成為聖者。如果能學習佛法，清楚為何會造業輪迴，就能了解如何超凡入聖，如何轉迷啟悟，轉識成智。

聖者又分大乘與小乘，皆以人道為主，小乘者分為聲聞與緣覺，以自我解脫生死為主。大乘者的菩薩們心量大，雖具有解脫生死的智慧，兼有悲憫眾生的慈悲心，故忍而不證，發願幫助眾生解脫生死或行菩薩道，菩薩把握解脫生死的本質，也就是涅槃，做量上的擴充，直到盡虛空、遍法界而圓滿成佛。

（一）六凡

凡夫眾生的生死流轉，就是在六道中輪迴。天道是享受福報，三惡道是承受

<table>
<tr><td rowspan="13">十法界簡介</td><td rowspan="4">四聖（覺）</td><td colspan="2" rowspan="2">大乘</td><td>佛</td><td>圓滿菩薩行，
一切佛皆成。</td><td colspan="2">福慧具足</td><td>覺行
圓滿</td><td>無上</td><td>阿耨
多羅</td></tr>
<tr><td>菩薩</td><td>發心名菩薩，
眾生最上首，
世出世功德，
悉由菩薩有。</td><td colspan="2">悲智雙運</td><td>覺他</td><td>正遍等</td><td>三藐</td></tr>
<tr><td colspan="2" rowspan="2">小乘</td><td>緣覺</td><td rowspan="2">一切行無常，
說諸受皆苦，
緣此生厭離，
向於解脫道。</td><td colspan="2" rowspan="2">由四聖諦、八正道、
十二因緣……
四果　阿羅漢
三果　阿那含
二果　斯陀含
初果　須陀洹</td><td rowspan="2">自覺</td><td rowspan="2">正覺</td><td rowspan="2">三菩提</td></tr>
<tr><td>聲聞</td></tr>
<tr><td rowspan="9">（迷）六凡（三界、五趣、九地）</td><td>無色界</td><td rowspan="6">三善道</td><td rowspan="4">天</td><td rowspan="4">身勝壽亦勝，
樂勝定亦勝。</td><td colspan="4">非想非非想處天（非想非非想處地）
無所有處天（無所有處地）
識無邊處天（識無邊處地）
空無邊處天（空無邊處地）</td><td rowspan="4">二十八層天</td></tr>
<tr><td>色界</td><td colspan="4">四禪天（捨念清淨地）　九層天
三禪天（離喜妙樂地）　三層天
二禪天（定生喜樂地）　三層天
初禪天（離生喜樂地）　三層天</td></tr>
<tr><td rowspan="7">欲界（五趣雜居地）</td><td>空居天</td><td colspan="3">他化自在天
化樂天
兜率天
夜摩天</td></tr>
<tr><td>地居天</td><td colspan="3">忉利天（三十三天）
四大天王天</td></tr>
<tr><td>人</td><td colspan="6">人中苦樂雜，升沉之樞紐；憶梵行勤勇，三事勝諸天。</td></tr>
<tr><td>（阿修羅）</td><td colspan="6">福多瞋亦多，不足為天人。</td></tr>
<tr><td rowspan="3">三惡道</td><td>餓鬼</td><td colspan="6">餓鬼常飢渴，不淨以為食。</td></tr>
<tr><td>畜生</td><td colspan="6">畜生種種異，吞噉驅使苦。</td></tr>
<tr><td>地獄</td><td colspan="6">大地獄極熱，近邊遍遊歷，八寒及孤獨，是諸苦中極。</td></tr>
</table>

苦果，人道則是苦樂參半的福報，但六道中也唯有人道，才能造業。例如生於人道可以發心修行、培養福報，而其他道如天道，縱然發心也很難發揮，因為天道眾生的福報非常大，也沒有眾生需要幫忙，即使想發心，也沒有救助的對象。人道則不同，有很多可以幫忙的對象，有機會做善事來耕耘福報。

這種情況就好像存摺一樣，天道的存款非常多，但是只有支出，沒有收入；人道的存款雖然不多，但是有出、有入，可以耕耘福報得到收入，也可以享受福報，並且還可以修智慧；三惡道則沒有耕耘的機會，只能承受業報，等到受報完畢，才有回到人道的機會。所有六道的眾生，都在受業報，唯有人道，雖受業報，亦能造善惡業。

1. 三善道

(1) 天道

天道眾生的福報極大，不但最底層的欲界天很有福報，從色界天到無色界天的眾生，所得福報更大。但是要進入色界、無色界，都需要修禪定。

欲界天有地居天與空居天。地居天：四大天王天、忉利天；空居天：夜摩天、兜率天、化樂天、他化自在天。

色界天從初禪天、二禪天、三禪天到四禪天，共有十八層天。初禪天：梵眾天、梵輔天、大梵天；二禪天：少光天、無量光天、光音天；三禪天：少淨天、無量淨天、遍淨天；四禪天則有九層天：無雲天、福生天、廣果天、無想天、無煩天、無熱天、善見天、善現天、色究竟天。

無色界天包括空無邊處天、識無邊處天、無所有處天、非想非非想處天，共四層天。

因此，三界的天道，共有二十八層天。

(2) 人道

人道是六道的「升沉之樞紐」，因為只有人道，既受業又造業，而生三善道或三惡道。例如積集善業，修習禪定而升天道；由於不善業而墮落惡趣；無論投生哪一道，都由人道的善惡業決定。

生而為人，有不同的因緣福報，怕墮三惡道，一定要守戒，保住人身，才有學佛的機會。因為有生死的苦迫，而能體會無常故苦，懂得學佛，出離世間的束縛，苦反而成為學佛的逆增上緣。

(3)阿修羅道

此道又稱為非天，福報大如天人，卻缺少天人的德性，男性形容醜陋，女性容顏美貌。他們雖處於善道擁有福報，卻充滿煩惱，常被強烈的嫉妒心、瞋恨心毀壞功德。阿修羅嗜戰如命，常嫉妒天人而不斷開戰，卻每戰必敗。阿修羅如修學佛法，則成為佛教的護法神。

2.三惡道

三惡道的眾生非常苦，這是無意義的苦，是被迫償還的果報；人道的苦，別具意義的是，可以從苦轉化為修行的動力。從人道墮入三惡道，必須結束業報，才有回人道的機會。在人世的福報修得多，死後可能到天道。但是到天道，看似享受福報，其實也在受業報，福報享盡，也會墮回人道。在天道或三惡道的眾生，幾乎只能受報，無法再造作善惡業。

如果擔心墮落三惡道，一定要買「持戒」的保險。有人以為只要不受戒，就不用持戒，行為可不受戒法約束，持戒能保護我們不墮入三惡道。如果不受戒、不持戒，其實是讓自己失去保護力，置身於危險處境。因此，我們要以戒行時時守護身、口、意三業。

⑴餓鬼道

餓鬼道的業報，是受飢渴之苦，吞噉不淨，以為食物。餓鬼的脖子細如針尖，不易吞嚥食物，肚子大如水缸，永遠吃不飽。投生餓鬼道，在於為人時，貪心太重，所有事物皆想占為己有，令他人匱乏。餓鬼道眾生所得的業報，就是所求未能如願，永遠無法飽足。

⑵畜生道

畜生道要受互相殘殺、吞噉之苦，無時無刻不處於弱肉強食的殺戮之中。例如畜生道以強凌弱，大魚吃小魚，大蟲吃小蟲，起因並非惡念，而是為了維持生命，而不得不吞食弱者。當身體強壯時，可獵食其他動物，飽足自己；而當老病瘦弱後，也被其他畜生吞食，這是畜生道必須嘗受的業報。

人類馴養的牲畜，又有被人類驅使之苦，例如狗看家、馬拉車、牛耕田，為人類繫縛、鞭策、驅使、奴役，絲毫不得自在，畜生道的苦迫僅次於地獄道。雖然現代人有圈養的寵物，乍看似乎得到照顧的大福報，依然無法獨立自主，只能完全仰賴飼主的寵愛，一旦遭到棄養，後果不堪設想。

(3) 地獄道

地獄道是三惡道中最苦的一道，由於愚癡極重，所以無惡不作，導致死後直墮地獄道。地獄道有八熱地獄、八寒地獄及遊增地獄。每個大地獄都有四個門，每個門又有四個小地獄，地獄道眾生必須遍歷所有的大小地獄。因此，地獄道的受苦時間非常漫長，以無量劫來計算，一劫將近一千六百八十萬年。想要出離地獄道，必須等到業盡報息，或有佛號的善種子，例如在受苦時，尚有一善念「南無佛」，則能與地藏菩薩的大願相應，而得以救拔回到人道，但是回到人間後，也得從賤民做起。

（二）四聖

解脫三界生死，是佛教特有的智慧，如果沒有佛法的觀念，很多人都是希望死後生天，成為永遠快樂的天人。但是，只要有生死輪迴，就沒有永恆不變的生命和快樂。天人的安樂勝過人道許多，但「富貴修道難」，富貴容易障礙修行，除非善根深厚者，透過福慧雙修，仍然願意繼續修行，超凡入聖。

1. 小乘：聲聞和緣覺

⑴ 聲聞

聽聞佛陀教導的真理法則，透過生命的實踐，證得宇宙人生的真理現象——涅槃，而出離生死，欣入涅槃，經初果七來生死、二果一來生死、三果不來生死，到四果不受後有，究竟解脫個人的生死輪迴。

⑵ 緣覺

覺悟於生死輪迴的十二因緣法，解脫生命長河的生死輪迴，緣覺生在無佛法的世界，因為善根因緣，能無師自通，而解脫生死。

2. 大乘：菩薩和佛

⑴ 菩薩

廣行六度萬行：布施、持戒、忍辱、精進、禪定、般若波羅蜜；兼行四攝：布施、愛語、利行、同事。

(2)佛

歷經三大阿僧祇劫的菩薩行，圓證盡虛空界，清淨的真理現象，圓滿成佛。

四、凡夫居住的三界九地

我們常說的「了生死，出三界」的三界，即是凡夫生死往來的世界，有欲界、色界、無色界。要永離六道、三界生死輪迴之苦，就必須要超凡入聖。

九地又稱九有，即是九種有情眾生所居住的世界，包括：欲界的五趣雜居地；色界初禪天的離生喜樂地、二禪天的定生喜樂地、三禪天的離喜妙樂地、四禪天的捨念清淨地；無色界的空無邊處地、識無邊處地、無所有處地、非想非非想處地，共有九個地。所謂「四禪八定」，四禪是四個色界的四禪定地，加上四個無色界的四空定地，即是八地，若包含欲界的五趣雜居地，是為九地。

（一）欲界（五趣雜居地）

五趣是欲界中的六道，省略了阿修羅道，稱為五趣。也就是天道中的欲界天、人道、餓鬼道、畜生道、地獄道。五趣雜居地是九地中最低的一地，五趣的「趣」字通「趨」字，即是趨往、所往，五趣為有情眾生所投生的五種去處。

五趣雜居地，包括欲界的天趣、人趣、餓鬼趣、畜生趣、地獄趣，共有五趣。內容同前述六道中的人道、餓鬼道、畜生道及地獄道，但是省略了阿修羅道，而欲界天趣比較複雜，詳敘如下：

天道有欲界天、色界天、無色界天三類，欲界天是最下層的，欲是物質的五欲，包括微妙的色聲香味觸、男女的性欲；天即一般的天帝。欲界天共有六天，包括兩個地居天和四個空居天，最下是統攝天龍八部的四天王天，再向上是忉利天（三十三天）、夜摩天、兜率天、化樂天、他化自在天。

欲界天與人類關係最為密切的是，忉利天的釋提桓因（帝釋天），崇尚和平和道德，常幫助人類。天道眾生非常長壽，因為要生在色界、無色界中，必須具備禪

<table>
<tr><th>凡</th><th>三界</th><th colspan="3">名稱</th><th>九地</th></tr>
<tr><td rowspan="18">凡夫</td><td rowspan="4">無色界</td><td rowspan="14">天趣</td><td colspan="2">非想非非想處天</td><td>非想非非想處地</td></tr>
<tr><td colspan="2">無所有處天</td><td>無所有處地</td></tr>
<tr><td colspan="2">識無邊處天</td><td>識無邊處地</td></tr>
<tr><td colspan="2">空無邊處天</td><td>空無邊處地</td></tr>
<tr><td rowspan="4">色界</td><td colspan="2">四禪天</td><td>捨念清淨地</td></tr>
<tr><td colspan="2">三禪天</td><td>離喜妙樂地</td></tr>
<tr><td colspan="2">二禪天</td><td>定生喜樂地</td></tr>
<tr><td colspan="2">初禪天</td><td>離生喜樂地</td></tr>
<tr><td rowspan="10">欲界</td><td rowspan="4">空居天</td><td>他化自在天</td><td rowspan="10">五趣雜居地</td></tr>
<tr><td>化樂天</td></tr>
<tr><td>兜率天</td></tr>
<tr><td>夜摩天</td></tr>
<tr><td rowspan="2">地居天</td><td>忉利天</td></tr>
<tr><td>四天王天</td></tr>
<tr><td colspan="3">人趣</td></tr>
<tr><td colspan="3">餓鬼趣</td></tr>
<tr><td colspan="3">畜生趣</td></tr>
<tr><td colspan="3">地獄趣</td></tr>
</table>

定力。沒有禪定力，只具有大福報的天人，則生到欲界天。

1. 地居天

地居天分為四天王天和忉利天，所以在天道裡，四天王天是位於最下面的一層天。傳統的中國寺院，如果格局完整的話，第一進就是四天王殿。

四天王天和忉利天都依地而住，也就是依著高山而住。由於天神住在地居天的高山上，所以中國人想要求神、學仙，都會前往高山去尋訪神仙，而人們也確實能感受地居天的存在。

佛弟子大多非常熟悉忉利天，《地藏經》便記載佛陀到忉利天宮為母說法。忉利天又稱三十三天，有些人誤以為天界是高度，由下往上三十三層天，其實是一個大平面中，同時有三十三個天。山頂的東、西、南、北四方各有八個天城，合計為三十二處，再加上中間的天主帝釋天所住的善見城，稱為三十三天。

中國所熟悉的玉皇大帝，也是帝釋天，屬於地居天。由於我們沒有騰空的能力，而就依地而住來說，忉利天已經是最高的了，所以中國人會覺得玉皇大帝是最高位的天神。

印度佛傳的本生故事有《忉利天宮歸來圖》，是佛陀去忉利天宮為母說法後，從天梯回到人間來的情景，畫面上沒有佛陀，只有天梯和一上一下的腳印。佛陀需要踏著天梯，才能回到人間，可以知道忉利天依地而住，如果是到了空居天，那就騰空了，不會有天梯。

2.空居天

空居天位於地居天之上，包含夜摩天、兜率天、化樂天和他化自在天，我們比較熟悉的是兜率天。

彌勒菩薩就住在兜率天，離我們很近。佛教石窟裡的交腳菩薩，幾乎十之八九以上都是彌勒菩薩。所謂的交腳，即是雙腳垂地，不用盤腿結跏趺坐，像四川的樂山大佛就是彌勒佛。南北朝到隋、唐時期，彌勒是交腳的思惟菩薩像，明、清以後，彌勒菩薩則常以布袋和尚形象取代，造型有很大的改變。

彌勒菩薩的兜率內院，是很容易抵達的淨土，只要發願往生兜率內院，不需要禪定，不用一心不亂，就能滿願。因為兜率天就位於五趣雜居地，與我們人道是同一欲界。往生彌勒淨土，只要發人天乘的世間增上心即可隨願往生，不一定要發菩薩道的菩提心，或發解脫道的出離心，所以成為非常普遍的信仰，是很容易往生的淨土。

（二）色界

天人因有禪定力，一次呼吸的時間可以拉到如游絲般的細長，彷佛不用呼吸般，所以非常長壽。欲界眾生因缺少禪定的能力，我們的心總是不停地起伏，躁動不安，大量消耗了能量，所以壽命很短。

色界天是與禪定相應的天界，佛法以「自淨其意」，為世間正法關鍵的轉捩點，唯有修定才能達到這個目的，定心清淨而沒有汙染的擾亂，即是善行。修定才能不受欲樂的繫縛，不為散亂所擾動，心地明淨而安定，自主又自由。

修習禪定，必須具有依於慈心、住於淨戒的兩項準備，否則可能會弊多於利。要存著慈念，即利樂眾生的意念來修定，容易修習成就，成就了也不會利用定力，來擾亂眾生。其次受持十善等淨戒，身口有善良的德行，修定就不容易招魔著邪。定有種種階段，由淺入深，即所謂四禪八定。凡夫眾生都是有分別心，習定就是使心安住一境，念念相續，心極安定明了，才能入定。

1.離生喜樂地（初禪天）

色界天第一層天就是初禪天，此天離了欲（五欲）及不善（五蓋）法，眾生心生歡喜，故稱「離生喜樂地」，是離欲及不善的喜樂心。有禪定力的人，雖然身在欲界，卻可以透過禪定入初禪，可以不食我們欲界食物，也就是鼻識、舌識暫時不起作用，以禪悅為食，感受到喜樂。只要第七、八兩識不離，入定數天不成問題。廣欽老和尚便曾入定二十多天，不吃不喝，旁人以為已經過世，準備抬去火化，幸好弘一大師請他出定，才得以免於一死。

修習禪定，如未能正確觀照佛法，臨終後易與色界天相應；如果能正確觀照佛法，雖然修習禪定，卻不會想生於色界天，寧願回到人道修行。有人問：「從天道回到人道，福報還在不在？」其實福報是功不唐捐的，不但福報仍然存在，在人間一樣洪福齊天。學習佛法，修福固然重要，修慧更為重要，有智慧才不會障道，才能明白修福報，不是為了生天享福，寧可在人間善用福報，多布施、供養；而且有了福報，還可以利用福報，繼續耕耘福報因緣。

入初禪以禪悅為食，不用人類的粗食，人們認為的山珍海味，以天人來看，簡直就是無法入口的垃圾。很多人對此可能難以理解，不妨換個角度來看畜生道，流浪狗撿到了被人丟棄的食物，以我們來看是不能吃的垃圾，但是流浪狗卻覺得是山珍海味。學佛有個好處，能幫助人跳開局限的視野，不至於成為井底之蛙，以苦為樂，甚而沾沾自喜。

2. 定生喜樂地（二禪天）

二禪天名為「定生喜樂地」，於定中產生無比的喜樂。初禪天已經沒有鼻識、舌識，二禪天及二禪天以上則五識不起作用，但是根身還在，仍具有第六、七、八識三個識。入初禪，心有粗分別的「尋」與細分別的「伺」，所以稱為「有尋有伺三摩地」，三摩地即是定境。初禪到二禪中間，得中間禪，粗分別不起，名為「無尋有伺三摩地」。二禪，連細分別都沒有，名為「無尋無伺三摩地」。到此境界，雖有自性分別，卻不再有概念分別，也就不再引發語言。二禪雖同樣有喜樂，不像初禪離欲而起的喜樂那麼衝動，然而喜悅仍是躍動的。

入二禪者，知道覺觀（尋伺）雖是善法，卻擾亂定心，所以入深禪定，相信捨除初禪的覺觀，所得的利益更重，所失去的甚少，所收穫的更大，透過捨除覺觀，繫心一境，則能保持內心清淨。

3.離喜妙樂地（三禪天）

三禪名為「離喜妙樂地」，此樂是世間第一，能讓凡夫心起執著，很少人能捨除喜心，唯有聖者能生捨心。也因為如此，佛陀說行慈的樂果報，三禪天最為第一，其義在此。

此定的樂受，到達世間的頂點，所以形容世間的極樂，每說此「如入第三禪」。但是第三禪是共外道的定，所以不能與解脫煩惱的「離繫樂」相比。

4.捨念清淨地（四禪天）

四禪天名為「捨念清淨地」。禪修者知道心的安定不動處，最為第一。若是不安定而有動處，則是有苦，禪修者因為第三禪有樂而有動處，因此第四禪求安定不動處，必須斷苦樂，但於第三禪先滅憂喜，第四禪才能達於不苦不樂，捨念清淨。第四禪中無苦無樂，但有安定不動的智慧，因此說第四禪為捨念清淨。第三禪雖是世間的最高樂，但是因為樂，不安定而有動故說苦，因而第四禪，說是斷苦樂。

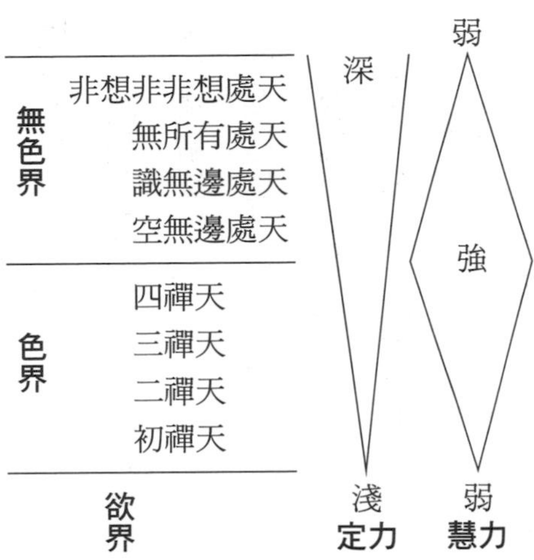

第四禪是一種非常平靜的狀態，唯是一味平靜的捨受。禪是靜慮的意思，能達於定慧均等，所以佛法特別重視四禪。隨著初禪、二禪、三禪、四禪，定法由淺入深，慧力同時由弱到強。佛陀即是透過修四禪，深觀因緣法與智慧相應，夜睹明星而成道。

（三）無色界

超越色界天，進入無色界天，四無色定也是四空處，是世俗的唯心定，定力更深了，慧力卻反而昧劣，佛法修定的目標在慧學的體證，並且無色界的定，離凡夫眾生太遙遠，所以佛陀並不鼓勵修色界四禪後，再繼續深修無色界的定力。

無色界，以九地來分類，都用「地」，如用天道來分，則用「天」，即是從空無邊處地（天）、識無邊處地（天）、無所有處地（天），非想非非想處地（天）。所謂「地」，就是指境界，而非大地的地，所以無色界，就是一種空無邊處定的境界、識無邊處定的境界、無所有處定的境界、非想非非想處定的境界。

我們對無色界修的深定，並不易理解，以下主要是根據龍樹菩薩造的《大智度論》來解說。

1.空無邊處地（空無邊處天）

佛說：「超越一切色礙相，不念其他相，滅有對相，得入無邊虛空處。」空無邊處天等同空無邊處地，其境界就是空無邊處定。此定的禪修方式，就是常觀色身空，行者作是念：「若無色身，則無饑、渴、寒、熱之苦，此色身粗重弊惡，虛妄非實，都是由於前世的因緣和合，所以報得此色身。此色身乃是種種苦惱所集之處，云何當得免此色身之患？」行者應當觀此色身中的虛空，因為我們的身心是地、水、火、風、空、識和合與離散的過程。行者常觀色身空，如竹籠，是有空隙，也如蒸食炊器，底盤亦有孔隙，色身藉空隙、孔隙而逐漸得脫。能如是常念，就得以度脫物質的執礙，不再被色身束縛。如同內觀色身空，外觀一切物質也是空，是時則能觀無量無邊空。若能得此觀，則無苦無樂的心轉增。行者觀色身內外如虛空，心如鳥，閉著於瓶中，瓶破了，鳥得飛出，得空無邊處定。

2. 識無邊處地（識無邊處天）

承上觀「空無邊處定」後，再以「識」緣之，但緣多就會心散，反而壞於修定。因此行者觀虛空，因為已經無色蘊，只緣受、想、行、識四蘊，也如病、如癰、如瘡、如刺，心想脫離，因為這一切亦無常、苦、空、無我，縱然能眾緣和合為相，也是虛妄，並非真實。如是觀想成就，就會捨虛空緣，只緣識。如何緣識？以現前識，緣著過去、未來無量無邊識。這樣識無量無邊，也如同虛空無量無邊，所以名為「識無邊處定」。

3. 無所有處地（無所有處天）

承上「識」無量無邊，再以識緣之，識多則散，能破於定。行者觀是緣受、想、行、識四蘊，也如病、如癰、如瘡、如刺，心想脫離，因為這一切亦無常、苦、空、無我，縱然能眾緣和合為相，也是虛妄，並非真實。如是觀想成就，則破識相，這是呵識之處，於是讚「無所有處」，破諸識相，繫心在無所有中，所以名為「無所有處定」。

4.非想非非想處地（非想非非想處天）

承上「無所有處」緣受、想、行、識四蘊，如病、如癰、如瘡、如刺，心想脫離，因為這一切亦無常、苦、空、無我，縱然能眾緣和合為相，則為虛妄，並非真實。如是思惟，無想處如癰，有想處如病、如癰、如瘡、如刺；第一妙處，其實是非想非非想處，又名「非有想非無想」。是中，有想微細難覺故，所以是「非有想」，但因為仍有想的緣故，所以是「非無想」。凡夫心以為得諸法實相，是為涅槃，佛法中雖知有想，因其本名，名為「非有想非無想處」。

「非想非非想」第一個「非」字，是指沒有第六識的粗想，但並不是沒有第七識的細想，第七識必須要存在，才能維繫生命；雖然第七識，已經非常深細到難以察覺，但仍受生命時間的束縛，這是無法解脫的。非想非非想處地的天人壽命非常長，長到幾乎八萬劫以上，外道凡夫以為已得涅槃，壽命實則有其極限。為何能如此長壽？因為天人具有禪定力，消耗的能量非常低微。

在無色界的空無邊處、識無邊處、無所有處、非想非非想處等四地，非想非非想處定，是四禪八定中最高的定，若只是修定而無慧，仍屬於世間的定。

五、人道苦樂參半好修行

在欲界的五趣雜居地中，人趣是我們最熟悉的。在六道，唯有人道不只受業報，同時也在造業，因此大善之人，上生天道，大惡之人，下墮地獄道的速度都很快，中陰期天數很少。例如人道眾生造作惡業，因著重罪、重業，直接就墮入地獄道；因著造作善業善行，修得眾多福報，直接生天。

投生地獄道或天道的種子不複雜，中陰期很快就得到結果，唯有人道需要經過中陰期四十九天，因為人的善惡念頭非常複雜。例如人在起煩惱的同時，也會起念佛的善念，所以臨終以後，第八阿賴耶識裡的眾多種子，也隨之複雜，產生來世結果所需的時間，自然也就很長了。

佛陀主要是為人說法，因為天道眾生福報太大，忙於享福，除非善根深厚，才有機會學佛。三惡道眾生，則是苦到無暇，沒有智慧可以學佛，只有人道雖苦，卻有智慧，最適合學佛。人間佛教的觀念，就是死後，願意生生世世，再回到人間行菩薩道。

（一）三事勝諸天

佛出人間、諸天命終，皆以人間為歸趣，因為人道有三事勝過諸天：憶、梵行、勤勇。

1. 憶

憶是回想、記憶，經驗的累積和傳承，依憑於此，這是人道的一大特質。天人因為過於安逸、享樂，反而沒有這種能力。人生記憶的最深刻處，通常是椎心之痛，痛苦的回憶，讓人刻骨銘心；快樂的回憶，反而容易遺忘。對於失敗的經驗，人會牢牢記住，希望不再重蹈覆轍，就是因為記憶使然。

憶，是人道修行的利器。

2. 梵行

梵行是清淨的修行。人有修梵行的傾向，他道眾生則沒有這種能力。人與生俱來就有雜染的特質，時而向善，時而向惡，「業不重，不生娑婆」，帶著雜染的業力投生人道，生死輪迴。正因為知道宿世劫以來，執著而迷茫於相有，帶著自私自利雜染的習性，因為一念覺醒，而願意用功修行。只要具有善根，懂得修行，也就是具有梵行的傾向，藉由修行，改善自我，就有因緣能夠轉迷啟悟、轉染成淨。

3. 勤勇

人類非常勤勇，為了達到修行善業的目標，可以奮鬥到底。苦樂參半的人生，其實最容易修行悟道。有人不以人生為苦，為何佛法說人生是苦？其實人生的苦，不是指覺受上的苦受、樂受而已，佛法說人生是苦、世間是苦，主要原因是「無常故苦」。

人生的苦，苦在無常，無常的緣故，而萬般無奈，即使有樂受，也是無常，樂受不是永遠不變的樂受；苦受也不是永遠不變的苦受。例如禪修時經常腰痠腿麻，可以觀照那只是所有禪坐者的一種苦受，而不是單單自己一個人的苦受。若看成只是一種苦受，不只是自我的苦受時，苦就開始變化。只要能忍得過，痛和痠的感受就逐漸降低。無論愈坐愈痠痛或愈坐愈舒適，皆是無常，體驗無常，便能不執著苦、樂受，不執著自己的覺受，而精進修行善業，這就是一種進步。

因為體會苦、樂受的無常，才會覺醒，才有機會思考人生的問題，乃至於生死的問題，不再只想著為生活忙碌打拚。因為人生無常，面對生死大事，我們既然已是佛弟子，應該提前思考生死問題，不要等到臨終時，才後悔莫及。

《大般涅槃經》說：「生世為人難，值佛世亦難，猶如大海中，盲龜遇浮孔。」盲龜浮木是佛教的重要譬喻，以盲龜遇浮木孔之難，說明人身的難得與珍貴。我們既已經得到人身，有福報學習佛法，無論唯識學有多麼複雜難解，都應將《八識規矩頌》，當成生死大海裡的浮木孔，修行福報，學習智慧，不怕困難，用功修行。

（二）依凡夫修行成聖者

1. 發增上心，修人天乘

發增上心是修集生人、生天的正常道，也是出世間聖法的根基，名為五乘共法

（人乘、天乘、聲聞乘、緣覺乘、菩薩乘），以人天乘法為基礎。三乘共法（聲聞乘、緣覺乘、菩薩乘）雖不求人天果報，但不能不具足人天福德。但以求生人間、天上為目標，就名為人乘、天乘，是佛教的共世間法。儒家近於人乘；道教、基督教、伊斯蘭教通於天乘。如果皈依三寶後，在修人天福報為主的基礎上，只要再向上勝進，發出離心，就能修出世智慧。

2.發出離心，修聲聞乘

發出離心，行解脫道，是出世間法的三乘共法基礎，為建立在五乘共法的基石上。世間的一切，是不永恆的、不徹底的、不自在的，肯定了世間徹底是苦的，才會發出離心。

若沒有出離心，一切修行，都只是世間法，只能修人天福報。有了出離心，一切修行便能為出離心所攝導，成為解脫生死的因緣。世間都是因緣的和合與離散過程，緣生緣滅的無常現象，這些都是遷流、造作出來的。這一切不能不說是「世間如火宅」，「三界如牢獄」，「諸受是苦」。修學佛法，如有深刻的認識，無論世間再多喜樂，也不會留戀。上生天國縱然能盡情享受，也不感興趣。緣此就能發厭離生死的決心，向於解脫生死的大道。

佛陀為發出離心，而修出世法的眾生，安立三乘：聲聞乘、緣覺乘、菩薩乘。為聲聞說四聖諦，為緣覺說十二緣起，為菩薩說六波羅蜜。出世法都是觀因緣法的甚深義，佛教不共於其他宗教，在於有解脫生死、超越世間的智慧。

3.發菩提心，修菩薩乘

人乘與天乘只修世間善法，獲得人天福報，但終究是有漏的，不能出離生死。聲聞乘與緣覺乘，雖是無漏解脫，而偏於獨善其身，但不夠圓滿。發菩提心，修菩薩行，成就如來圓滿果報的大乘法門，才是佛法的真實意義，並且統攝一切功德。

發菩提心修菩薩乘，除了具有人天乘的福報基礎，聲聞乘的解脫智慧，菩薩乘著重於大悲願而發心，分為二類：不忍聖教衰、不忍眾生苦。

⑴不忍聖教衰

菩薩著重於護持正法而發心，知道三寶的殊勝功德，有救世救人，引生世出世間善法的力量。菩薩見到佛法漸漸式微，為教內教外的邪惡所擾亂，唯有發菩提心，上求佛道下化眾生，才是復興佛教、利樂眾生的辦法。

(2)**不忍眾生苦**

著重於利益眾生而發心，知道唯有學佛成佛，才能真正救度眾生的苦迫。以不忍眾生苦為因緣，而起大悲心，依大悲心而引發上求下化的菩提心、菩提願。這是深刻的智慧，及自發的悲願，強而有力，生生世世都發願行菩薩道，也能從凡夫地而趣入大乘道，乃至於圓滿成佛，是為「人間佛教」的闡揚。

〈第二講〉

八識、五蘊與百法

學習《八識規矩頌》，如果一開始就從偈頌讀起，很容易陷在佛學名詞裡，很難立即明瞭。建議可以印度世親菩薩的《百法明門論》或《大乘五蘊論》為入門書，先理解唯識基本觀念。論中將宇宙萬法歸類成五位百法，因為法相宗認為「三界唯心，萬法唯識」，世間萬象皆由心識所變現而成，五位百法皆離不開識。五位是心王、心所、色法、不相應法與無為法。百法是從心王到無為法的總和，共是一百法。

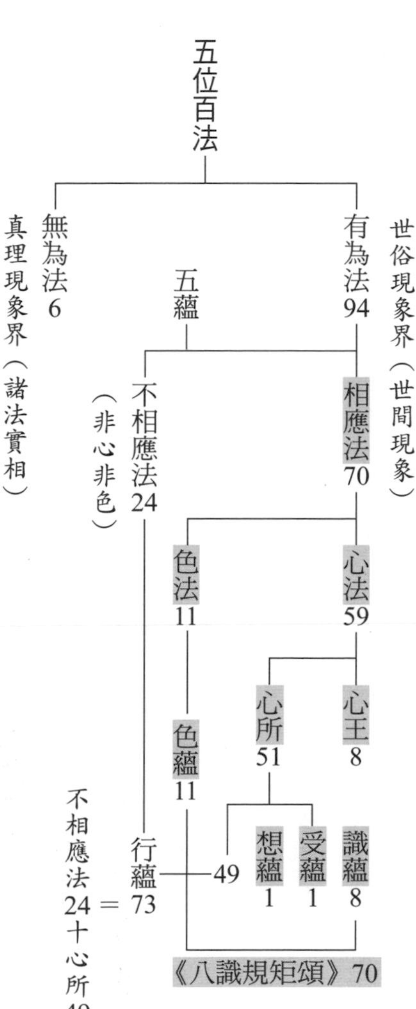

註：灰色標示為《八識規矩頌》介紹的相應法範圍。

唯識學重視宇宙萬法當中所呈現出來的現象，因此將整個宇宙人生間所有一切千變萬化、瞬息萬變的現象，大體分為五大分類，共一百小分類，也就是五位百法。如同進入一座大型圖書館，面對琳琅滿目的圖書館藏書，如何清楚快速地找出想要借閱的書，必然要先依循圖書館的編目系統來尋找。唯識學為了讓我們方便明瞭，宇宙人生的種種現象，因此分位假立出五位百法。

五位百法將整個宇宙分成「理性界」（無為法）和「現象界」（有為法）。以唯識的角度來看，理性界的理性法則，稱為無為法，共分成六個：虛空、擇滅、非擇滅、不動、受想滅和真如；而現象界是有為法，可分為兩大類：相應法、不相應法。所謂相應，是指與心法和色法相應；相反地，不相應則是非心非色法；心法指心王與心所。因此共分為心王、心所、色法、不相應法與無為法五位。

心法分為心王與心所，心王即為八識，心所分別是與第六識相應的五十一個心所、與前五識相應的三十四個心所、與第七識相應的十八個心所、與第八識相應的五個心所。與心法相應的是色法，是種種因緣和合出差別的現象，也就是五根、五境與法處所攝色共十一法。與相應法相對的是不相應法，即是非心、非色的二十四法，不能透過心法或色法相應的法。與有為法相對的是無為法，有為法即是透過妄執，將眾多因緣排列組合，緣生出來的現象界，而無為法是透過法性空慧，而徹底放下自性妄執的真理世界，雖然無法透過肉眼看見，但透過慧眼、法眼乃至佛眼可以見得到的諸法實相，是確實存在的。

唯識學偏重於有為現象界方面的探討，中觀般若系則重於真理法則與真理世界的探討。我們會把焦點集中在有為法中的相應法，相應法中的心法，心法中的心王與心所。因為《八識規矩頌》就是談論八識心王和相應的心所，以及根、境、識的和合相觸，所以也離不開色法。

通常在學習唯識學前，如能先熟悉《百法明門論》，比較容易掌握唯識學的名相與義理，再進入《八識規矩頌》研讀時，就更得心應手。例如看到「相應心所五十一」時，就會理解第六識的心所如此之多，也才明白何以修行之「轉迷啟悟」要從第六識下手的原因。

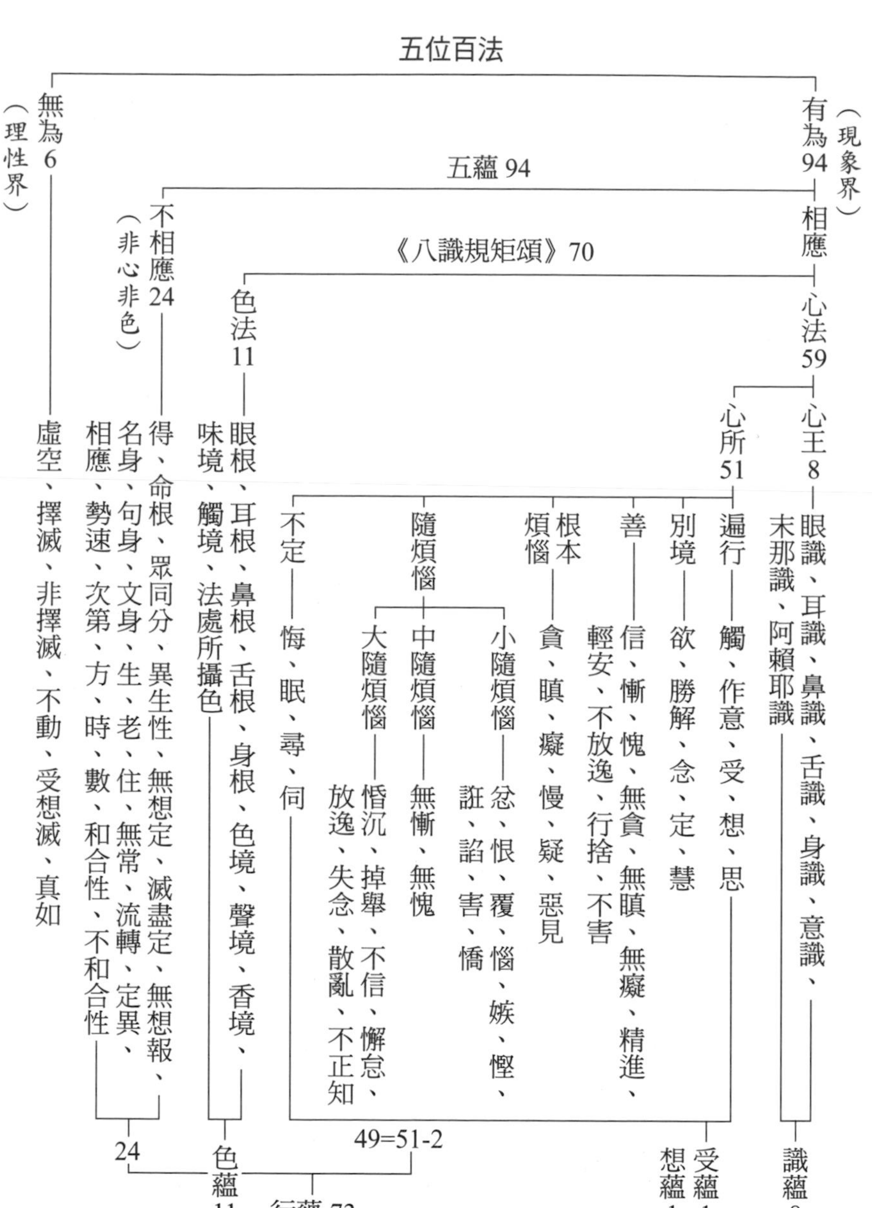
五位百法
有為94
（現象界）
無為6
（理性界）
五蘊94
相應
不相應24
（非心非色）
《八識規矩頌》70
心法59
色法11
心王8
心所51
眼識、耳識、鼻識、舌識、身識、意識、末那識、阿賴耶識
遍行
觸、作意、受、想、思
別境
欲、勝解、念、定、慧
善
信、慚、愧、無貪、無瞋、無癡、精進、輕安、不放逸、行捨、不害
根本煩惱
貪、瞋、癡、慢、疑、惡見
隨煩惱
小隨煩惱
忿、恨、覆、惱、嫉、慳、誑、諂、害、憍
中隨煩惱
無慚、無愧
大隨煩惱
惛沉、掉舉、不信、懈怠、放逸、失念、散亂、不正知
不定
悔、眠、尋、伺
眼根、耳根、鼻根、舌根、身根、色境、聲境、香境、味境、觸境、法處所攝色
得、命根、眾同分、異生性、無想定、滅盡定、無想報、名身、句身、文身、生、老、住、無常、流轉、定異、相應、勢速、次第、方、時、數、和合性、不和合性
虛空、擇滅、非擇滅、不動、受想滅、真如
識蘊8
受蘊1
想蘊1
49=51-2
24
色蘊11
行蘊73

一、心王與心所的對應

與心法相應的是心王和心所，可用能所關係將主動的心王，稱為「能」，而將被動的心所，稱為「所」。主動的心王有八個，即所謂的八識，透過主動意識的這八識，會有相應的五十一個情緒反應，稱為心所。八識的每一個心王好比是一個國王，王必有輔臣，心所就是心王的臣屬。五十一個心所分六組，稱為「六位心所」：一、遍行，二、別境，三、善，四、根本煩惱，五、隨煩惱，六、不定。

心王	八識心王相應的心所內容	心所數量
前五識	遍行五、別境五、善十一、根本煩惱三（貪、瞋、癡）、中隨煩惱二、大隨煩惱八 《八識規矩頌》：遍行別境善十一，中二大八貪瞋癡	三十四個心所
第六識	遍行五、別境五、善十一、根本煩惱六、小隨煩惱十、中隨煩惱二、大隨煩惱八、不定四 《八識規矩頌》：相應心所五十一	五十一個心所

第七識	遍行五、別境一（慧）、根本煩惱四（貪、癡、慢、我見）、大隨煩惱八 《八識規矩頌》：八大遍行別境慧，貪癡我見慢相隨	十八個心所
第八識	遍行五 《八識規矩頌》：性唯無覆五遍行	五個心所

第六識對應的心所數量最多，五十一個樣樣都有。第六識的心所最活躍，可塑性最高，八識中修行的最重要關鍵就是第六識。

前五識依著第六識，五遍行與五別境都有，善十一也都有，根本煩惱只有貪、瞋、癡，沒有小隨煩惱，但有中隨煩惱二個、大隨煩惱八個，因為思惟能力不及第六識，所以沒有不定及惡見、慢、疑的根本煩惱，心所有三十四個。

第七識在第六識底下，一定有五遍行，但因沒有接觸對外的境界，別境只有一個自私的劣慧，並只留貪、癡、慢、我見的根本煩惱習性，還有八個大隨煩惱屬於宿世的煩惱習性，特性就是「四惑八大」，心所總共十八個。第八識最深沉，只保留最基本的五遍行，無其他心所，心所只有五個。

二、心所五十一法的作用

（一）五遍行

五位百法中的心所，第一個分類是遍行。所謂遍行，即是它遍一切識，八識都有；而且遍一切性——善、惡、無記都有；遍一切時——過去、現在、未來都有；遍一切地——三界九地都有，所以稱為遍行，遍行也等於是八識心王存在的最基本元素，五遍行是依序緣於境界過程的心所：觸、作意、受、想、思。

五遍行，雖是五個心所，但是只要一起念頭，五遍行必然是快速地依序而進行。一般人因為心散亂，所以不容易覺察，禪修者入定境，自然能夠細細分別。

原始佛教《中阿含經．象跡喻經》說：「若內眼根不壞者，外色便為光明所照，而便有念，眼識得生。」此「念」，玄奘大師譯為「作意」，粗淺地說，此作意即注意；深刻地說，根境和合時，心即反應而起作用，由於心的警動，才成為了別的認識。此心的警動、反應即為「作意」。論到「觸」，如《雜阿含經》說：

「眼、色緣，生眼識，三事和合觸，觸俱生受、想、思。」這即是根、境二者和合生「識」，名為「作意」，根、境、識三和合相「觸」的明證。根、境和合生識，即是由根、境相對而引起覺了的識，即是「作意」。此識起時，依根緣境而成三事的和合，和合的識，即名為「觸」，感覺而成為認識。

識，為有情眾生引起認識境界的作用，必與自己相關而引起不同的情感，認識必有攝取境象而成為表象作用，稱為「受」，或進而有推「想」、「想」像，認識外境，必引起對付外境的作用，稱為「思」。所以佛法中，不論為前五識的「感性知識」，即「受」；或意識的「理性知識」，即從「想」到「思」，都必會引起受、想、思。

大乘佛教《瑜伽師地論》主張「作意」在先，是以修行人的境界而言，對於內心是主動控制，保持覺照的工夫。但是《成唯識論》主張「觸」在先，是針對凡夫而言，因為凡夫心中狀態不決定，念頭的生起不由作意，而是以接觸境界而定，也就是隨境而轉。《大乘廣五蘊論》也是主張「觸」在先，「作意」在後。

1. 觸

觸是根、境、識三者和合，十二因緣法也有觸，十二因緣法所說的觸，是指我們在懷胎十個月時，具足根身而出生，依根、緣境而生識，根、境、識三者和合分別稱為觸，開啟了我們對這個世界的認識。

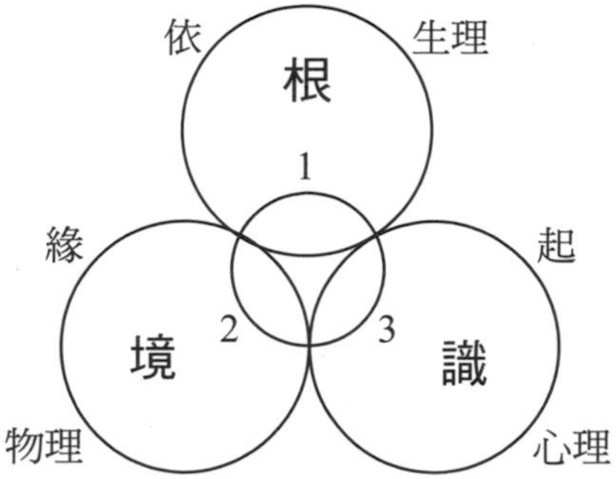

依
根
生理
1
緣
起
2
3
境
識
物理
心理

二合生識（作意）
三合生觸

2.作意

作意即是注意，我們平時一向都是依根緣境二者和合而生識，即是「作意」，則「作意」在「觸」之前。但是有「觸」之後，突然有一巨響，或者閃電天邊忽然剎那大亮，立刻就引心到境界上，也是一種「作意」。

例如我們正在專心聽課時，外面突然放起鞭炮，砰砰碰碰地作響，境界太強，心就會引到外面去了，這是「作意」，發生在「觸」之後，總之這兩者關係非常密切，有時互為先後。因根、境、識三者和合分別而生「觸」後，突然外境發生大變化，再引心到境而「作意」。或者平時大都是先根、境二和合而「作意」，接著根、境、識三者和合分別而生「觸」。

3. 受

受，是識直接領納的作用，分為三種：樂受、苦受、不苦不樂受。樂受是感覺可意受，當樂受即將消失時，會有想要再度擁有。苦受是感覺不可意受，當苦受生起，有厭惡的感覺。不苦不樂是平等的捨受，也就是沒有想要再擁有或者想要分離。

五蘊特別立個「受蘊」，有其修行要義，我們修行要在「受」上用功，得到樂受時不貪著，遇到苦受也不要抗拒，我們的心要保持不落二邊，保持平靜。特別是修定，要慢慢地離苦、離憂、離樂、離喜，而後平靜地捨受，最後「受」也不起了，稱為「滅受想定」，這是聖者特有的定。

4.想

想，是一種很強而有力的取相力量。我們透過取相的想，開始有了印象，慢慢地成為概念，形成語言、文字，慢慢地可以溝通。我們現在的文化，都從取相這個基礎表達出來的。在修行上，想也很重要，比方說不淨觀就是不淨想、青瘀想、膿爛想……。「想」是我們正確或錯誤認識世界的一種根源，在修行方面，也能修種種的「想」。

受、想都是一種心理作用，平常對境界的認識也好，修行也好，都有些特殊的重要意義，所以佛法特別講「受蘊」、「想蘊」。

5.思

思是造作。思和想不一樣，想是散亂的，思是集中焦點的，思考如何對付別人與保護自己，然後展開行動。由此可知，思是造作業力的重要源頭，思心所是造作業力的火車頭，因為經過了思善、思惡，後面才會產生一連串的行為。

思有三種：

⑴**審慮**　面對境界，思心所繼「想」心所之後，所做的思量、審度，籌畫如何應付。

⑵**決定**　將審慮的種種，做出決定。以上二者是以意業為主導。

⑶**發動**　是把決定付諸身、語的行動。正是《八識規矩頌》第六識的「動身發語獨為最」的描述。若是決定思為善，身業、語業都跟著起善行，反之則是惡行。第六識的五遍行最強烈；前五識次之；第七識更次之；而第八識的五遍行最弱，只是維持基本的生存而已。

（二）五別境

我們造作業力最根本、最大的一個源頭，是第六識的「思心所」。而這個思心所，也會影響別境。別境是特別的境界，共有五個，包括：欲、勝解、念、定、慧。這五個別境心所，所緣的境界各自不同，五別境所緣並非同一境。而且所緣的境界，作用互異，故而安以「別境」之名。這五個心所，所緣通常都是修行的境界。前五識和第六識都有五個別境，第七識只有一個劣慧，第八識則完全沒有別境。

1. 欲

別境中的欲，是對於可愛樂事，可愛的、好的、正面的，心裡想要得到的，起了希望，希望得到。可愛樂事者，即為可愛地從眼所見、從耳所聞，鼻嗅、舌嘗、身觸等覺及意識所知等事，在這些事情上願求，希望得到，願樂，這是欲的體性。

一般人都會貪求自己喜歡的外境，貪求以樂為境。這些貪求財、色、名、食、睡的染欲，都屬於世間的標準價值觀。所謂的修行，即是要從欲轉到勝解，放下對世間法的追求欲望，而嚮往聖道，是為「淨欲」或「善法欲」。因此，就修行來說，「欲」很重要，不同的欲望，引生不同的生命。而信是欲的前提，因為「信為欲依，欲為勤依」。有了信心，就有希望。有了希望，就會努力精進，精進是向善的，向上的。

2.勝解

勝解是殊勝的了解，超出世間的解。如果要超越世間生死的束縛，必須要與真理相應相契，這種對於真理法則與現象的理解與尋求，就是勝解「諸法實相」，是一種確定無疑的理解，確定無礙，所以稱為「決定境」，如自己深刻了解到這個道理、這件事。印可就是認可確實如此，有一種決定的境界，自己去認識確實如此，決定這樣是對的，而稱印可、堅持。真正的勝解，信仰的力量很強，任何其他的威脅、利誘都拉不走的，稱為「餘無引轉為業」。

如果我們願意探索勝解，對於世間法的很多東西，就比較能放得下。就像是行走在一片伸手不見五指的漆黑山路上，如果能有一盞路燈，就會慶幸能有路燈照亮道路；但是當太陽升起後，路燈就失去照路的作用了。也就是說，當我們有更亮的光源，原來的小小亮度就不足為惜。當知道有所謂的真理時，對於以往追求的種種世間法，不論是名分、地位、錢財和學問，自然能漸漸放下，覺得這些都是其次的。

世間屬於生活的層面，是前六識所能滿足的部分；如果能深入到和生命流轉有關的第七識和第八識，對於世間生活享受，就會覺得不是那麼重要。雖然我們還是一樣要在世間上生活，不能說完全不需要，但是我們生活的重心，比較不會是往外追尋，而是向內收攝。不然的話，我們會一直往外追求，其實不論如何追求，都無法感到滿足，唯有心往內收攝，才能夠知足常樂。因此，勝解屬於出世的部分，向上達於諸法實相，所要著重的是生命問題，是真理的追尋，因而稱為勝解。

從勝解才能產生「正信」，有了正信才能推動「善法欲」，有了善法欲，才能夠真正精進。一般人覺得精進很難，就是因為對佛法「勝解」不足的緣故。《攝大乘論》中，於凡夫和聖人之間，安立一個「勝解行地」階位，說明未達勝解的人，很容易進進退退，遇到逆境就不容易繼續學佛，可見勝解是需要長時間的熏習，也是超凡入聖的關鍵。

3. 念

此與五遍行的思和想都不一樣。唯識所談的心所都很微細，想是想，思是思，念是念，各有不同。所謂念是於所習境明記不忘，是清楚明白的。這個念也可以是四念處的念，或是念佛的念。念佛的念，要能念得清清楚楚、明明白白。正念的建立，也是念。這個念一旦念到某程度，心一境性，也會產生定。專注於一念，是修定的前方便。

學佛講究修行，主要是戒、定、慧三學。曾經受持的戒學，要隨時記得；不記得就容易糊里糊塗地犯戒，知道做不得，就是有念的力量。修定與修慧更加需要有「念」，念就是修定的前方便。因為念與不散亂所依為業，心不散亂，就是心念集中、精神集中，心能夠寧靜下來。

例如我曾經在〈大悲咒〉的法會裡敲大木魚，連敲四個半小時，一共一〇八遍的〈大悲咒〉。當時我很擔心能否從頭到尾順利完成而不出錯，於是非常專心觀想觀音菩薩的大悲心，而右手的木魚槌未曾停過，在明記不忘之下，整場法會竟然沒有出錯。當時只自覺得法喜綿綿，而且曾於其中一、兩小時如入禪定，如同一剎那般快速度過。

4. 定

所謂觀就是慧學上的觀照，也就是佛法的觀照。觀佛法當中的自相，自相是個別的、特殊的特性，如五蘊是色蘊、受蘊、想蘊、行蘊、識蘊等，或十二處、十八界等。諸法普遍的理則，所形成的共相，就是觀無常、苦、空、無我。

定是「心一境性」，意即專注。依定讓心沉靜下來，可以發慧，透過專注觀照諸法的自相或共相，與智慧相應，而得以「如實了知」實相。剎那、剎那的念，念念專注於同一境。如同水滴，滴滴都在同一處，不散開來，千百萬年累積下來，就是滴水穿石的工夫，修定亦是如此。如實驗證真諦現象，真實現象能現前，才能驗證到真實的智慧，才是實相般若。外道修定，修得再深的定，缺乏智慧的觀照能力，必然無法開發智慧，不能了脫生死。

5. 慧

許多人以為修定就能得慧，其實這是一種誤解。如果沒有佛法聞慧或思慧的基礎，是無法得到明白真理的智慧。「修定」可以幫助修慧，修得更清楚。慧的前因不在定，慧是我們平常所做的聽聞與熏習，然後在安靜的環境裡，因為有平時所熏修的慧學，而能更清楚明白、理解佛法。

我們如何擇法？就是對於諸法的自相、共相，要從實際的事相當中去了解，由智慧來簡擇而得到決定，這就是慧的體性。比方佛陀講五蘊，就是教導我們去觀察我們心理活動的需求覺受（受蘊）、取相（想蘊），採取行動（行蘊），知道有個心識（識蘊）為領導統一，了解我們根身（色蘊）內在是這樣活動的。能夠如理所引的般若智慧，就能夠斷除疑惑。對於世界的真理有絕對正確的了解，對於佛、法、僧三寶，對於苦、集、滅、道四諦的道理，因為般若智慧的斷疑作用，不再疑惑。

我們可藉助什麼方式來熏修呢？例如「禁足」，我曾經禁足近兩個月，自己在房裡，摒棄外緣，精進用功，漸漸地身心安定了。發現原來很多看不懂、看不下的經論，像是《印度佛教思想史》等一些內容高深的書，竟然在安定的狀況裡，能夠看懂了。在這個過程，有時會突然有了一些佛法的體會和理解，而忍不住讀到拍桌子：「啊！原來佛法所講的就是這個啊！為什麼我平常會看不懂呢！」這就是藉著修定、安定，而讓自己的智慧變得比較敏銳，而非連熏習佛法都不用，然後突然之間，就能開啟智慧了。

但是說實在的，我們常常是歷經很多次看不懂，之後才逐漸看懂。有個故事說有個人吃一塊餅不飽，連吃兩塊餅還是不飽，好不容易吃了六、七塊才終於吃飽了，他本來覺得心滿意足，卻突然感到很後悔，責怪自己為什麼前面要吃那麼多塊，其實只要吃第七塊就好了，就可以吃飽了。是這樣的嗎？無論是第六或第七塊餅，都必須由前面一塊餅、一塊餅慢慢地累積而成。我們智慧的累積也是一樣，一次讀不懂，兩次讀不懂，三次讀不懂都沒有關係，也許七、八次之後，就能夠懂了。所以我們不能說，前面累積的不懂沒有用，還是需要經過逐漸累積而成，這就是人生，我們要累積很多的學習因緣。

總結來說，對於所緣境，各別不同，所以稱為「別境」。

對於所樂境，生起希求的心，是為「欲」。

對於決定境，絕對認可，是為「勝解」。

對於曾習境，明記不忘，是為「念」。

對於所緣境，專注不散亂，是為「定」。

對於所觀境，清楚分辨抉擇，是為「慧」。

(三)善十一

相應心所中共有十一個善心所:信、慚、愧、無貪、無瞋、無癡、精進、輕安、不放逸、行捨和不害。善心所在五十一個相應心所裡,只有十一個,占不到心所的五分之一,但是煩惱的心所卻非常多:根本煩惱六個,小隨煩惱十個,中隨煩惱兩個,大隨煩惱八個,一共二十六個,超過五十一個心所的一半。這說明了我們要起煩惱是很容易的,起善心比較費力,所以要透過修行好好地長養善心、善念,才能對治這麼多的煩惱。

1. 信

佛法如大海,「信為能入,智為能度」。信為佛教堅定的信仰。善心所從信仰開始,即是為了強調「信」的重要性,表示善法由信展開。佛法大海,信為能入,透過信仰,才進入佛法大海。「信為道源功德母,長養一切諸善根」,一切功德都必須仰賴信仰才能夠生起。佛法強調「信、解、行、證」,信什麼呢?

一是相信有業果:善性得福業、不善性得非福業,修定得不動業。

二是相信有解脫道的四果聖者：須陀洹、斯陀含、阿那含、阿羅漢果。

三是相信四聖諦的道理：苦、集、滅、道諦。

四是相信佛、法、僧三寶。

有這樣的信仰，是謂真信仰。

2. 慚

慚為良心，從內心生起，知道自己有所不足，願學習聖賢，虛心修善。對於所作的罪，心理上生起羞恥、難為情、不好意思。

為什麼生起不好意思來呢？因為自增上、法增上。什麼是「自增上」呢？就是一種自尊心的力量。每個人都應尊重自己，這不是憍慢貢高，而是因為人不應該使自己不成樣，對自己要有一種自尊心，而從自尊心引發起一種對做壞事的羞恥心來，這就是所謂的自增上。

什麼是「法增上」呢？就是從真理引發的力量，如佛法激發我們的內心向善、向上，這種啟發的力量，稱為法增上。

簡而言之，「自增上」就是尊重自己，而「法增上」就是尊重真理。

3. 愧

愧是廉恥心，怕愧對社會，而不敢為非作歹。愧依著世間力，輕拒暴惡為性，所以有社會道德規範的力量，能約束行為，抗拒惡行。「愧」和「慚」是一樣的，只是差別在於「他增上」。慚是從自增上、法增上而引發的，而愧是從他增上而引發的。

「他增上」又稱「世間增上」，相當於現在說的「輿論」。《大乘廣五蘊論》說「他增上者，謂怖畏責罰及議論等」，就是怕責罰，怕人家議論。他增上是可用社會輿論責罰，而不是法律的制裁。好的社會風俗習慣、輿論力量，能讓我們對做壞事生起羞恥心，這就是「愧心」。

4. 無貪

無貪是廣行布施，能對治染著心，所以是善心。無貪是善心所，能夠對治「貪」。有一種力量、作用，使貪心所不起來，可以壓制貪心所，甚至於慢慢地使貪心所漸漸沒了，這才是「無貪」心所，並不是「沒有貪」。無貪心所，使我們能夠對生死起一種深深的厭離心、過患心，了解就算是現在快樂，將來還是有憂患、有過失的，這稱為「厭患」。對於生死能夠深深地厭患，不再貪著在生死上，這就是無貪。有了無貪心，惡行就引不起來。

5. 無瞋

無瞋是能對治瞋恨的心。對於逆境受苦，不起瞋恨心，不責怪他人。無瞋，實際上就是慈心，慈心可以對治瞋心。不損害眾生，無瞋是對自然界或人為所加的各種精神、物質等痛苦，懷抱隨緣消業，不造新殃的觀念，不怨天，不尤人。培養無瞋觀念，必須實踐四善根的忍法，以「空觀」面對當前客塵現象。

無瞋就是「瞋」的對治，和無貪的講法一樣。在普通的生活範圍內，貪並不是很嚴重的過失，當貪婪過分失當時，才會引起種種惡行；瞋就不同了，瞋的過失很重，很多罪惡皆因瞋而生，例如「一念瞋心起，百萬障門開」，也會「火燒功德林」。可是，瞋其實很容易解決、容易對治。在佛法上講，瞋是專門屬於欲界的，色界、無色界沒有瞋心。如果修定得到初禪，可以暫時無瞋，當出定退回欲界時，瞋依舊存在。

6. 無癡

世間的無癡是相信有因、有果，有善、有惡，但不能解脫。「無癡」是明白事理的智慧，不受迷惑起邪見。主要是：明確理解四聖諦、八正道、十二因緣的道理。癡又稱為無明、愚癡，是對一切真理起顛倒妄想的心所，為六道輪迴的主因。無癡並不是說「沒有癡」，而是一種對治癡的力量。如何對治癡呢？如實正行，真正如實正確地知道四諦、起行。因為苦、集、滅、道四諦是聖者所通達的，聖者所如實知的，所以名為四聖諦。經裡常講「凡夫有苦無諦」，凡夫苦，但沒有「諦」，因為他不能如實知道。聖者如實知道苦是什麼樣子的苦，怎麼徹底了解，所以才稱為「四聖諦」。

無癡是對各種緣起的現象，能夠徹底了解，不會愚蠢之意。可分為世、出世法二方面來說，智商高是俗諦中的無癡，出世法則以觀察我、法二空，分破無明，得般若慧之後，才能達到真諦中無癡的境界。

7. 精進

佛法講的精進，是決定了以後就努力前進，不會停留下來，不會退下的。精進是努力修善斷惡，「勤修戒定慧，息滅貪瞋癡」。懈怠是一種煩惱心所，拖拖拉拉，打不起精神。精進能夠對治「懈怠」，發起一種向上、向善的努力。簡單地說，精進是：身、口、意已生的惡法要除斷，尚未生起的惡法不讓它生起；未生的善法讓它生起，已經生起的善法令它增長。

8. 輕安

真正的輕安是一種色界的善法。輕安是輕鬆安適，能安住自己的身心，遠離粗重的身心負擔，例如腳步沉重、腰痠背疼，而心處處攀緣、躁動不已，很不舒服的一種力量。我們身處的欲界，沒有輕安的善心所，一定要透過修行，得到初禪、二禪、三禪、四禪的時候，內心才會生起輕安。

輕安心所，是必經修行而獲得的經驗。一般人總覺得修行苦，不曉得修行還是有一條快樂的路走，那是修行還沒得到輕安。一旦得到輕安，決定會不捨棄修行。不過，如果不發智慧，再輕安自在，也不能了生死。

9. 不放逸

不放逸就是精進，能斷惡修善不放縱。不放逸心所對治「放逸」。我們普通人都是與生俱來放逸的，不放逸能約束懶散的身心，步入規律化的生活，對世間法五戒、十善與出世法戒、定、慧的熏修，均能奉持不懈，使善根增長，修行成就。此心所並無自體，而是依精進與無貪、無瞋、無癡三善根為體，以斷惡、防惡為功能。不放逸是世、出世間的正行所依，如果沒有不放逸，世、出世間的正行不可能成就，所以說一切善法皆以不放逸為本。

10.行捨

行捨是遠離掉舉，令心平等。或時任運無勉勵故，次得心正直。或時遠離諸雜染故，最後獲得心無功用。心安於寂靜，安住清淨法，透過慧學深入正法，依不放逸，個人修行一切善法，不再繫念執著的捨離心理。此心所並無自體，而是依精進與無貪、無瞋、無癡三善根為體。

11.不害

不害以無瞋為性，不惱損迫害眾生，能對治害心所，就是佛法所謂慈悲的悲心，「謂由悲故，不害群生」，群生是一切眾生，不只是人，一切有情之類都包括在內。印度偉人甘地，他用「非武力反抗」來抵抗英國的殖民，這種「非武力」就是「不害」。不害的意思就是非暴力，心態和諧、和平，沒有狂暴行為，甘地所提倡的不害，得以使印度獨立。

善的十一個心所，往往要能對治得了煩惱，才會生起。所以需要努力地加以長養；但是我們的根本煩惱和隨煩惱共有二十六個，很容易生起煩惱。因此，修行勿以惡小而為之，勿以善小而不為。佛法是要對治種種不清淨的心理，在內心引發清淨的心理作用，才能講到世間善法、出世間善法——了生死，得解脫種種。「行善止惡」是修行的重要功課，修學佛法不是為了追求死後可到哪裡去，而是在現世的當下，就能體驗到佛法的真正意義，體驗到清淨心。

善十一心所	對治煩惱	對治心所
信	大隨煩惱	不信
慚	中隨煩惱	無慚
愧	中隨煩惱	無愧
無貪	根本煩惱	貪
無瞋	根本煩惱	瞋

無癡	根本煩惱	癡
精進	大隨煩惱	懈怠
輕安	大隨煩惱	惛沉
不放逸	大隨煩惱	放逸
行捨	大隨煩惱	掉舉
不害	小隨煩惱	害

（四）六根本煩惱

煩惱是煩躁擾動，惱害身心。煩惱可分為根本煩惱和隨煩惱。根本煩惱，就是一切煩惱的根本；隨煩惱，則是隨從根本煩惱而來的煩惱，所以只要解決根本煩惱，隨煩惱就會同時解決了。

根本煩惱一共有六個：貪、瞋、癡、慢、疑、惡見。第八識僅有五個遍行心所，所以沒有根本煩惱，前五識只有貪、瞋、癡三個，第七識有貪、癡、我見、慢四個，第六識是全部都有。因此，第六識最具足根本煩惱。

六根本煩惱，代表強烈的自我中心，即是我貪、我瞋、我癡、我慢、我疑、我見，前五者稱為思惑，最後的「我見」再分為五類：身見、邊見、邪見、見取見、戒禁取見，稱為見惑。所以六根本煩惱也就是「十種根本煩惱」。修行就是要斷煩惱，了脫生死而解脫自在。

1. 貪

貪是貪欲，貪享色、聲、香、味、觸五欲，永不滿足。一般人就是貪著在自己喜歡的境界，雖然境界沒出現，但是會常常想起這些境界，時時希望這些境界會出現。但是貪會生苦，因為世間一切法是「諸行無常」，一旦得到了，又怕失去，失去了又再求，求不得則苦。貪，就是愛，貪愛是纏、是縛，把眾生綁在三界，在生死當中，或生天或墮落，起起落落永無解縛之期。因此，唯有「無貪」方能對治貪愛。

2. 瞋

瞋是瞋恚，逆境當前不如意，身心熱惱，而起瞋心、造種種惡業，輕則言語責罵，重則刀槍肆虐，甚至國際間戰爭喋血，都是由瞋而起。瞋心讓自他都苦，既自惱也惱人，殺傷力非常強大，「瞋是心中火，能燒功德林」，把長時修習的慈悲，一燒而盡，非常可惜。因此，要以「無瞋」對治瞋心，面對不如意的環境時，時時反省身、口、意的造業。

3. **癡**

癡是無明，不明因果，不識因緣。一切雜染惡法，皆依無明生起，此即生死輪迴的根本。也就是對「業、果、諦、寶」不了解，活得顛顛倒倒，糊里糊塗。因為愚癡，做出不合理的決定而造作惡業，心中常常疑惑，是「見」、「疑」的源頭。唯有「無癡」才能對治，下手處就是聽經聞法，透過佛法的聞思去栽培智慧。

4. **慢**

慢是不知謙虛，貶低他人來抬高自己。「憍慢」一詞，一般都是連起來說的，可是佛法認為「憍」和「慢」是不同的，憍是自我感覺良好，而慢是與人相比，好像自己比人好，有一種高傲、要勝過別人的心理，這就是慢心。這個慢有各式各樣的慢，有淺淺深深不同程度的慢，所以細分成七種慢：慢、過慢、慢過慢、我慢、增上慢、卑劣慢、邪見慢。

(1)**慢**

一種「我比你好」、「你不如我」的心態，或是「你會，我也會」的傲心。

(2)**過慢**

明明差不多，卻說自己好，明明別人好，卻說兩人差不多。

(3)**慢過慢**

別人比自己好，硬要說成自己更好。

(4)**我慢**

我慢是因我而生起的慢心。我們每個人都有一種比別人好、自尊很強的心理，時時顧著一個「我」，常常造成人際的衝突。

(5)**增上慢**

認為自己在修行上，已經得到增上殊勝之法而傲而瞧不起人，自以為了不得。簡單說就是「未得謂得，未證謂證」。

(6)**卑劣慢**

承認自己不如人，但還是高傲地認為：「那有什麼了不起！優秀又怎樣！」或是明明別人強很多，卻認為自己只差他一點點而已。

(7) 邪見慢

這一種最不好，含藏欺騙、妄語。沒有德，裝出有德的樣子；沒有戒行，裝出有戒行；沒有定，說有定；沒有神通，說有神通。

慢雖有七種之分，作用都是一樣：不能尊敬別人、推重別人。對於聖者、真正修行者起高慢心，失去學習對象，於己是最大的損失，所謂：「我慢高山，不留德水。」《易經》也說：「謙謙君子，卑以自牧。」可見慢心之必移除。

5. 疑

疑，是猶豫不信，不信，無法生起善法。對佛、法、僧三寶抱持懷疑態度，猶豫而不能接受，便無法學佛。證初果的聖者要斷三種見，疑是其中之一。如果對四諦的真理、三寶的功德等等決定有信心，沒有疑惑，佛法稱之「四證信」：於佛無疑、於法無疑、於僧無疑、對戒無疑，這個程度就是要證初果了。如果還是疑疑惑惑，信心沒辦法生起，就障礙了善法生長。

6. 惡見

惡見即不正確的見解，又稱邪見，共有五種：

(1) **我見**

即是身見，執著身體。

(2) **邊見**

於我見上執有永恆的常見，以及不信三世因果的斷見。

(3) **邪見**

否定因果善惡的錯誤見解。

(4) **見取見**

以下劣的知見為上，執持不捨。

(5) **戒禁取見**

持守不合因果、佛法行為戒條，以為可生天證果。

煩惱就是「使」，可分為五鈍使與五利使，總稱十使，又稱十惑、十根本煩惱，是十種讓人無法解脫生死的力量。

十使	煩惱		前五識	第六識	第七識	第八識	三結
五鈍使	貪		*	*	*		
	瞋		*	*			
	癡		*	*	*		
	慢			*	*		
	疑			*			◎
五利使	惡見	我見		*	*		◎
		邊見		*			
		邪見		*			
		見取見		*			
		戒禁取見		*			◎

註：*為前五識、第六識、第七識的根本煩惱，◎為「三結」，即疑結、戒禁取見結、我見結的三種見惑煩惱。五鈍使較易消除疑結，正確持戒能斷戒禁取見結，而斷三結最大關鍵是我見，將「我」鎖在生死輪迴裡。

「使」字有驅役的意思，表示貪等十使皆能驅役人，流轉三界生死輪迴之途。五利使，即是五個惡見：我見、邊見、邪見、見取見、戒禁取見；五鈍使，是：貪、瞋、癡、慢、疑。

⑴斷除煩惱的難與易

為何五利使與五鈍使，要分為利、鈍兩類呢？所謂的利，表示此種煩惱容易切斷、切割。為什麼惡見容易切斷呢？因為它只是對理的迷惑，是見解上的疑惑。如果能修正見解，便可解決，所以說是比較利。

在唯識理論上，說的比做的簡單，要用修行驗證並非易事。理論上知道應該要斷煩惱，真要做到卻很難，所以貪、瞋、癡、慢、疑這五種煩惱，被稱為五鈍使。五鈍使是屬於事相上、修為上的問題，五利使則是知見上的問題。也就是說，五鈍使是屬於鈍的，不容易說斷就斷。反過來說，五利使則比較容易斷除，但是我見最難除，因為是第七識宿世的習性。

⑵疑最易斷，我見難斷

五鈍使：貪、瞋、癡、慢、疑，「疑」和「瞋」比較容易斷除，因為它們都沒有第七識的作用，而疑又比瞋容易處理，因為疑純是第六識，瞋則是前六識的根本煩惱。由於五鈍使的疑最易切斷，所以修行要從這裡下手。

佛理可以透過推理得之，還要親自實踐才知道；透過推理，能幫助我們找尋方向，理要先通達，事可慢慢修，先了解道理，其實是比較容易的。斷疑，才能生信。

五利使裡的「我見」最難切斷，明明知道我見、身見是錯的，卻放不下，總是覺得自己很重要，覺得自己是對的。這是因為宿世的習性影響，牢不可破，只要牽涉到與第七識有關的情況，都是很難切斷的煩惱。第八識沒有根本煩惱，只有五遍行而已；可是第七識，有「貪、癡、慢、我見」四個根本煩惱，成為我們修行上最難突破處，尤其是我見特別難斷除。

我見雖然屬於五利使，卻是其中最難斬斷的煩惱。其他的五利使，比方邪見，雖是錯誤的見解，只要建立正確的知見，邪見自然而然就會消失。邊見則是認為人一死百了，沒有所謂的來生，只要死了，一切就全沒有了；或是認為有永恆不變的靈魂，這些都是不正確的觀念，可以透過思考更正。至於見取見，則是一種強烈的成見，把錯誤的見解當作金科玉律，這部分可透過正確理解佛法，從而放下成見。

戒禁取見的錯誤持戒觀念，以不合因果、不合佛法的思想行為，做為必須遵守的戒條。佛陀在世時，印度外道非常多，有很多特別的持戒方式。印度人和中國人的民族性差異很大，中國人的人生觀是從修身、齊家、治國、平天下開展，雖然這些也必須從個人的修行開始，但是中國人還是比較偏向政治、現實的哲學。「學而優則仕」，認為讀書的目的就是要治國、平天下，要能利益天下蒼生。因此，中國人會觀地理、觀風水、觀星相……。印度人則不重視政治哲學，比較關心的是追求生命解脫的終極問題，探討生死的究竟。

探討生死對中國人來講，並不是那麼地重要，孔子說「未知生焉知死」，中國人比較注重現實生活，著重在有生之年，要利濟天下蒼生；至於如何面對老、病，尤其是告老還鄉之後，如何度過餘生，則沒有什麼人在意。

印度人對於政治不太感興趣，他們的四姓階級，最高者是婆羅門，以宗教師為首；其次是剎帝利的王公貴族；第三者是吠舍，即士、農、工、商；最低者是首陀羅，即奴隸。從中可知印度人比較重視宗教，探討生命、生死的問題，對於了脫生死的方法，下了很多的研究工夫。他們在人生的規畫裡，甚至會規畫一段時間到深山叢林，思考人生解脫的問題。

印度人的出家修行觀念很普遍，有人認為如果讓身體苦到極限，精神可能就得以昇華，所以有各種折磨身體的修行方式：睡針板，倒立睡覺，終日單腳而立，或是身體倒掛樹梢……，以種種奇怪的戒條來束縛自己，希望自己的身體受苦後，精神、心靈的部分就能夠昇華。類似這樣的錯誤持戒觀念，就是「戒禁取見」。

事實上，想要開啟智慧、了脫生死，還是必須透過佛法的正確修行方法。錯誤的持戒方式，對了脫生死無濟於事，就好像烹沙成飯，而不可得。在五利使中，我見是最難調伏，戒禁取見是容易斷捨的錯誤觀念。

（五）隨煩惱

隨煩惱是隨著根本煩惱而生起。隨煩惱依著範圍大小，可分為三類：小隨、中隨、大隨。小隨煩惱的性質粗重猛利，只有第六識有，前五識與第七識都沒有，所

小隨、中隨、大隨煩惱

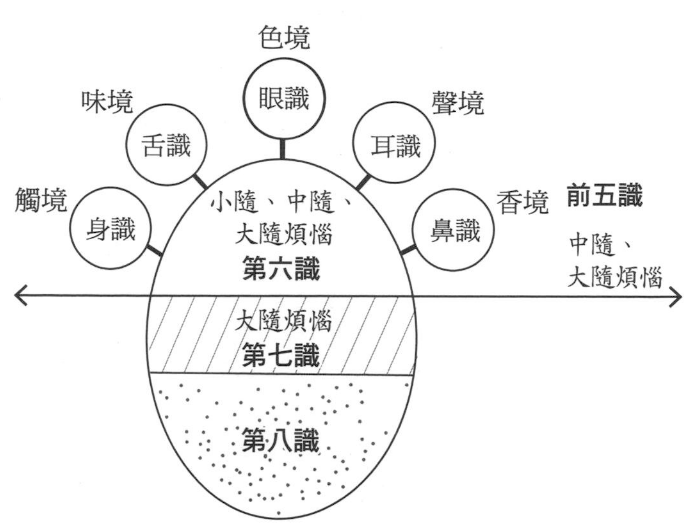

以遍染的範圍最小；中隨煩惱遍染的範圍，比小隨煩惱大一點，前五識和第六識皆有；大隨煩惱遍染的範圍最大，前五識、第六識、第七識皆有。

總而言之，小隨煩惱的範圍最小，只在第六識生起，中隨煩惱是前六識都有，大隨煩惱則是前七識都有。但是根本煩惱不一樣，第六識有六個根本煩惱，前五識則只有三個，即《八識規矩頌》頌文「中二大八貪瞋癡」的貪、瞋、癡。因此，佛教常說的貪、瞋、癡三毒，是指前六識有交集的這三個，前六識的根本煩惱就是貪、瞋、癡三毒。第七意識有四個根本煩惱，它的根本煩惱最為麻煩，因為牽涉到宿世問題，它的根本煩惱從無始劫以來就有，包括貪、癡、我見、慢，所以《八識規矩頌》的頌文形容第七識是「貪癡我見慢相隨」。

隨著根本煩惱，而產生的隨煩惱共有二十個，可分為三類：小隨煩惱、中隨煩惱、大隨煩惱。

下表說明三種隨煩惱在八識的分布：

識名	小隨煩惱	中隨煩惱	大隨煩惱	重點
前五識		◎	◎	範圍擴及根身與習性
第六識	◎	◎	◎	小、中、大隨皆有，最豐富。
第七識			◎	具有宿世習性
第八識				沒有煩惱心所
	範圍最小	與根身有關	遍染範圍最大	

1. 小隨煩惱

小隨煩惱共有十個：忿、恨、覆、惱、嫉、慳、誑、諂、害、憍。小隨煩惱雖小，但是粗而猛利，各自為主，互不相容，成為造作惡業的源頭。小隨煩惱屬於比較情緒性的作用，來自於貪、瞋、癡的本惑。小隨煩惱的主要問題在於悲心不足，所以個人的情緒起伏很大。

(1) 忿

忿是憤怒，對於現前違逆之境，衝動生氣。「忿」來自根本煩惱的「瞋」，如果不能止息忿心所，懷惡不捨，恨心所就會隨之而起，乃至於動粗與動手打架。

(2) 恨

恨是怨恨，積怨為性。恨來自根本煩惱的「瞋」，積怨難消會記恨結仇。如果「忿」已消失，卻結怨在心、懷「恨」在心，而忍不下，會讓人想伺機報復。

(3) 覆

覆是覆蓋，怕失名利，隱藏過惡。覆是癡的一部分。其實做錯事，就去懺悔，有罪當懺悔，懺悔即清淨。若是不發露懺悔，重罪就會令自己良心不安，活在追悔的苦惱裡。

(4) **惱**

惱者於「忿、恨」之後，心起損害，遇違逆事，因而爆怒，凶狠暴戾，有如蠍子螫人的刺痛感，讓人逃避不想觸碰。面對現前不饒益事，心裡生氣，是忿；事情過了，懷恨不忘，是恨；當下就發脾氣、責罵等，就是惱。惱，讓人做出衝動的惡業，也使名聲不佳，並且充滿憂苦與不安穩。

(5) **嫉**

嫉是嫉妒，見不得人好，於是誹謗造口業，希望保有自己的名利。而對於別人的好事則是「不耐他榮」，這真是眾生的顛倒。應當見人好，如他人發財、陞官、好名聲，生起快樂心、隨喜心。

(6) **慳**

慳是慳貪，吝財、吝法不願惠施分享。所謂的慳，實際上就是貪心，貪名聞利養，所求無厭，用不到的東西，也不肯分享他人。

(7) **誑**

誑是欺誑，虛偽不實，為獲利益，詭詐為性，邪命為業。例如沒錢裝有錢，沒頭銜假裝有頭銜，裝腔作勢矇騙他人。誑的根源是「貪」，像是貪名、貪利，皆易造成「邪命」，不正當的經濟生活，如今日的經濟犯罪。

(8) **諂**

諂是諂曲諂媚，巧言令色，為博得歡心而阿諛奉承，以達自利。為了名利，會掩飾自己的過失，一方面是貪，一方面是癡的緣故。有了諂心，不容易受教導，障礙了佛法的學習。

諂是對外人，覆是純粹對自己，相同處都是不肯懺悔。

(9) **害**

害，屬於瞋心。害是損害，心無悲憫，用暴力損害他人。

害和惱，表面看起來差不多。惱，表現在語言方面多，如罵、吵、暴躁等；害，比較嚴重，是用行動惱害眾生。

(10) **憍**

憍是驕傲，自以為有成就而傲慢自大，凌辱他人。「憍」是對內的自大，自我欣賞，自我感覺良好，不用與人比較就會發生。對自己的長處、利益生起的染著倨傲。憍大約有七種原因：身健無病、少年氣盛、長壽、豪門之族、色力優秀、富貴、多聞。憍，會使自己的種種善根、種種福報，慢慢消失，不容易向上，也就慢慢向下墮落了。「慢」是對外的自大，是和別人比較出來的傲慢。

小隨煩惱，不能因為其小，而忽略它對障礙修行的影響，雖然不是根本煩惱，但世間的種種壞事、犯罪，幾乎都是從小隨煩惱引發，千萬莫以「惡小」而為之。

2.中隨煩惱

中隨煩惱共有兩個：無慚、無愧。稱為中隨煩惱，是因為它出現在前五識和第六識，活動範圍比小隨煩惱擴大到前六識。慚愧是發自內心，是社會基本的道德標準、人情世故，慚、愧屬於善心所。反之，無慚、無愧則與不善心相應，凡起惡念或欲造惡業，這兩個心所就會隨之而起。人一旦無慚無愧，就可以肆無忌憚，做出不仁不義、寡廉鮮恥的事情。

⑴無慚

所謂無慚，就是不尊重自己、不尊重道德，做了壞事，不感羞恥，不照佛法的教導修行，拒絕賢善的事，而造惡行惡業。

(2) 無愧

所謂無愧，就是不管輿論、不怕批評、不管人情世故，不在乎社會道德標準，而造惡行惡業。「只要我喜歡，有什麼不可以」，恣意而行，正是「無愧」之舉。

3. 大隨煩惱

大隨煩惱共有八個：惛沉、掉舉、不信、懈怠、放逸、失念、散亂、不正知。稱為大隨煩惱，是因遍染到第七識，於隨煩惱裡活動範圍最大，心於境不寂靜。大隨煩惱是隨根本煩惱而來，所以罪魁禍首還是根本煩惱。

(1) 惛沉

惛沉是心昏昧不明，即打瞌睡。惛沉障觀，障礙「毘鉢舍那」和「輕安」。

(2) 掉舉

掉舉就是心不寂靜妄念紛飛，七上八下，讓心無法平等正直。掉舉障止，障礙奢摩他。掉舉與散亂不同，掉舉是在一個境界產生很多分別；散亂是到很多境界去分別。

(3) 不信

不信是沒有信心，與信的善心所相反，能障清淨心，不信因果，誹謗聖賢，隨著不信而來的是，修行會變得懈怠懶惰。

(4) **懈怠**

懈怠能障精進，不修善也不斷惡，愈是懈怠，染著愈重，也就不會有精進的動力。

(5) **放逸**

放逸是放縱逸樂，與「不放逸」的善心所相反。無法防止染法，不願修淨法，增惡損善。也就是隨隨便便，不提防惡法，不修習善法，漸漸地就離善愈來愈遠。

(6) **失念**

失念就是遺忘，無法明記不忘、念念分明。失念障礙正念，為散亂的來源。例如在念佛時，嘴巴念，心中想著別的事情，就是具有不清淨的念。假如念佛時，能一心專注於佛法，就是清淨的念，也就是善念。

(7) **散亂**

散亂即不專心，令心流蕩，障礙正定，增長惡慧。散亂久了，在打坐中會起妄想，容易產生邪知、邪見。

(8) 不正知

不正知是知見不正，邪見增長，由於自以為是，而對觀察的境界，做出錯誤的判斷，能障蔽正知而犯戒。以一般生活為例：自己不曉得自己在做什麼，卻又自以為很聰明，這就是不正知。

大隨煩惱	五根五力	治五過失	修八斷行
不信	信	懈怠	信、欲、精進、輕安
放逸	（欲）		
懈怠	進		
失念	念	忘聖言	正念
散亂	定	惛沉掉舉	正知
惛沉			
掉舉			
不正知	慧	不作行	思
		作行	捨

三十七道品中五根五力的相反，竟然是與生俱來屬於宿世習性的八個大隨煩惱。因此應修八斷行：信、欲、精進、輕安、正念、正知、思、捨，對治五過失：懈怠、忘聖言、惛沉掉舉、不作行與作行。（可參考印順導師《成佛之道・大乘不

共法》）

（六）四不定

悔、眠、尋、伺等四種，通於善、惡性，因為可以成就善，可以成就惡，並非一成不變，因此而稱為「不定」。不定心所皆與第六識相應，如要判斷善惡，則要觀察來源。

1. 悔

悔是一種惡作，讓人追悔、後悔。悔心所會障礙修止，讓人心難以平息。造惡而悔是善，但是造善而後悔就是惡，所以悔是不定心所。

2. 眠

睡太多了會障道，讓人懈怠；但是睡眠不足，也難持續用功，需要睡得恰到好處，有助於修行，則是善的。因此，眠是不定心所。

3. 尋

尋是尋求，有覺的意思，是散心中比較粗的思考。如果是尋求法義，就是善法；如果是追尋名聞利養，就是惡法。因此，尋是不定心所。

4.伺

伺是伺察，有觀的意思，伺是禪修中比較微細的思考。伺通常出現在修定的狀態，要看所觀察的是正法或邪法。因此，伺是不定心所。

五十一個心所，組織架構非常細密，能夠精準地照見內心狀態。並且明白哪些心理作用是宿世以來的習性，哪些心理作用，是今生的分別所致。當煩惱生起時，清楚動念的來龍去脈，期望當下能生善止惡，情緒管理得當，將有助生活品質、生命境界的提昇。

三、識蘊：相應心王八法

心法，分心王八法與心所法五十一法，五十一心所法已經介紹完畢，以下就來認識心王，八識心王就是五蘊中的「識蘊」。實際上，八識之間是不能切割的，是唯識家依照相狀、作用而安立的名字。八識就是：眼識、耳識、鼻識、舌識、身識，稱為前五識，以及第六識、第七識、第八識。五十一個心所不能單獨活動，須恆常依止八識心王生起活動。我們依序從第六識、第七識、第八識分別解脫，前五識則最後介紹。

（一）第六識（識）

第六識，是心理活動的綜合中心，我們的見聞覺知、思想判斷，全以第六識為主，而第六識包含的心所最多。

前五識各依其根，第六識依於意根，意根即是第七、八兩識。第六識有前五識依於五根的管道，而往外蒐集資訊，隨之而生起心理作用，稱為「五俱意識」，若失第六識，將「食之不知其味」、「聽而不聞」、「視而不見」。

第六識的分別功能比前五識廣大，可以緣過去、現在、未來，而前五識只能分別當下的境界。第六識能生起獨頭意識——脫離前五識而獨自活動，例如打坐時，眼、耳、鼻、舌、身前五識都停下來，第六識還可以專心思考、憶念佛號。前六識，是了境的功能，能夠在色、聲、香、味、觸、法的境界裡，造作善業、惡業。

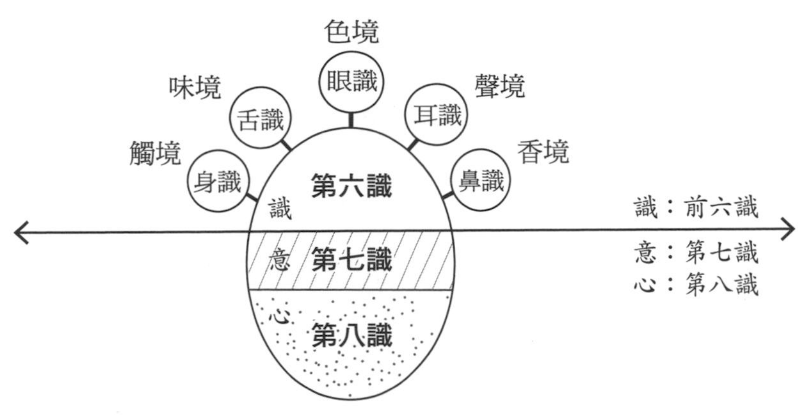

可以說前五識是粗分別，而第六識是做細分別。但是和第七識比較，第六識則顯得粗糙，第七識比較深細。

（二）第七識（意）

心為第八識，意為第七識，識是第六識。

意，有末那意、思量義。第七末那識的「末那」就是「意」，第七識有染汙之意。但是無始生死以來，第七識就一直跟著阿賴耶識轉，相續執持而從來沒有間斷，但是我們很難察覺到。然而，我們的呼吸、心跳、脈搏等種種生命現象，還有自私自利的俱生我執，都是第七識所維持的特性。

第七識，有「貪癡我見慢相隨」根本煩惱，貪即是我愛，愛著有個我；我癡就是不了解「無我」，以為有我；我慢，是依我而起的高慢，以上是第七識的根本煩惱，也是生死輪迴的所在。

（三）第八識（心）

第八識就像生命的黑盒子，點點滴滴全都錄，並決定每一個下輩子的去處。阿賴耶識，有採集、藏的意思，藏就是「攝持不失」，攝持「因」與「果」，以果而言，就是攝持一期生命的正報和依報，例如我們生為人的果報，就是第八識變現出來的。以因而言，前七識所造的善惡業，也是第八識攝持住，我們死而生，生而死，都是第八阿賴耶識如實地做記錄，而流轉生死。

（四）前五識（識）

前五識依著五根，緣著五境而生起五識，五根是指神經系統，並非器官，依根緣境而生自性分別識。五根包括：眼根視覺神經系統、耳根聽覺神經系統、鼻根嗅覺神經系統、舌根味覺神經系統、身根觸覺神經系統；五境（五塵）包括：色境、聲境、香境、味境、觸境。

1. 眼識

依於眼根視覺神經，緣於色境生起眼識。如看到有人來了，自性分別知道是個人，但不知道是誰，則得由第六識做進一步的分別。

2. 耳識

依於耳根聽覺神經，緣於聲境生起自性分別。如聽到聲響，知道有人開車靠近，至於是什麼車的聲響，則由第六識進一步分別。

3. 鼻識

依於鼻根嗅覺神經，緣於香境生起自性分別。如經過廚房，聞到菜香，知道廚師正在烹煮食物，至於是什麼食物、由誰烹煮，則由第六識進一步分別。

4. 舌識

依於舌根味覺神經，緣於味境生起自性分別。如吃蜜餞時，覺得是酸的味道，至於是什麼品牌的蜜餞，則由第六識進一步分別。

5. 身識

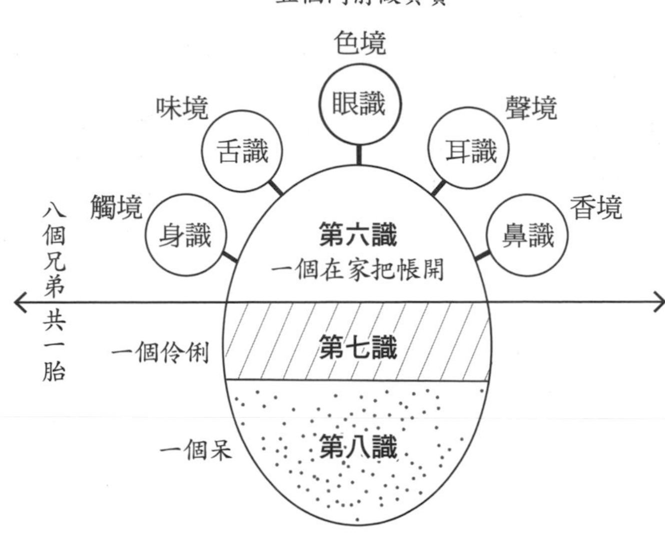

依於身根觸覺神經，緣於觸境生起自性分別。如身上淋雨，會有濕濕冷冷的觸覺，至於是否會感冒，則由第六識進一步分別。

以上五識各司其職，不能互相取代功能，例如眼睛只能緣著色境，不能緣聲境、香境、味境、觸境。而五識的根，能生識的不是外現的器官，而是器官的感覺神經。例如：不是眼球生識，而是由視神經發識取境。因此，接著就是五根、五塵及法處所攝色的十一個色法。

古德介紹八識，有個著名偈子：「八個兄弟共一胎，一個伶俐一個呆，五個門前做買賣，一個在家把帳開。」

一個活著的人，正常來說是八識具足的狀態；八識如同八個兄弟融合在一個人的生命裡。第七識是與生俱來，自私自利的習性，並隨時隨地運作著呼吸、心跳、循環的生命現象，所以是伶俐的；第八識則是老老實實做記錄，保持著善惡種子，從不失真與走樣，所以是呆的。

前五識專門對外蒐集五境的資訊，如同買賣者；提供給第六識，決定思善、思惡的念頭，造作善、惡業力，如同開帳者。所以說：「五個門前做買賣，一個在家把帳開。」

四、色蘊：色法十一法

五位百法中，有為的現象界，分成相應法與不相應法兩部分。相應法有兩項：一是心法、二是色法。「心法」即是八識心王及五十一心所法。

「色法」在唯識學的定義是「質礙」，質，具有質量；礙，是占有空間，有一定的質量和空間就是「色法」。十一個色法，分別是五根（眼、耳、鼻、舌、身）、五境（色、聲、香、味、觸）以及法處所攝色。五根、五境、法處所攝色十一法，都是依能造的四大：地、水、火、風，而有所造的五根、五境與法處所攝色。

（一）五根

根，分為扶塵根和淨色根，扶塵根可見得到的，眼、耳、鼻、舌、身可見的器官，如眼球等；淨色根則是見不到的，如視覺神經、聽覺神經、嗅覺神經、味覺神經、觸覺神經等。

根，非常重要，如果不能照顧好五根，對色、聲、香、味、觸等一切法上的外境，就沒有接收的能力。但是如果太過外放，攀緣五境，就會引生許多煩惱，這正是「密護根門」的重要。

（二）五境（五塵）

1. 色境

此處的色，和色蘊的色範圍不同，是單指視覺神經所見的：顯色、形色、表色。

⑴**顯色** 如青、黃、赤、白，很清楚的顏色。

⑵**形色** 眼睛所看到的型態，如長、短、圓、扁、高、低等。

⑶**表色** 是身體的行動，口裡的語言聲音，經由內心意志發動的。如手指放在唇邊，表示停止說話。

2.聲境

⑴如身體或雙手拍出的聲音，稱為「執受大種因聲」，是以執受四大為因，所發出的聲音。

⑵外界物質發出的聲音，如風吹樹林、水流奔騰，是「非執受大種因聲」。

⑶是前二者合起來，如手打鼓、手拍桌子，是「俱大種因聲」。

3. 香境

(1)好香，對身體有益的就是好香，如聞到芬多精。

(2)惡香，如空氣汙染、工廠廢氣，對身體有所傷害。

(3)平等香，鼻子聞到，無所損害，也沒有好處的。

4. 味境

甜、酸、苦、辣、鹹、淡六味。

5. 觸境

如滑、澀、重、輕、冷、飢、渴等為「所造觸」，地、水、火、風四大則稱「能造觸」。

（三）法處所攝色

法處所攝色，就是通常說的「法境」。

簡單說是前五識取到塵境，再傳送給第六識分別，而生善、惡、無記性的種子，記錄到第八識。獨頭意識，不必經由前五識的境相。如受戒時的「戒體」之色，像禪定境界所見的現象，稱為「無表色」；又如水觀、落日觀，在各自的腦海，無法共享。

五、受蘊與想蘊

受、想在百法中各自占百分之一，但是在五蘊中，卻占了百分之二十，因為修行過程，受、想是很重要的關鍵。受、想都是一種心理作用，在我們平常對境界的認識、修行的方向，都有特殊的重要意義，所以佛法特別探討受蘊、想蘊。

（一）受蘊

五十一心所的五遍行：觸、作意、受、想、思。受，是領納、接受，受是在想之前，先有受才有想。受有可意受、不可意受。不管是苦是樂，我們都應該要照單全收，而不是拒絕，我們愈拒絕則情緒起伏愈大。如果落於樂受，容易起貪；如果落於苦受，容易起瞋，必須要能有不落二邊；中道不二的智慧，也就是滅受。佛陀成道，第一句開示即是「不苦不樂」的中道行。

在此「受」之前是「觸」，觸則是根境識和合相觸，有眼識相應觸、耳識相應觸、鼻識相應觸、舌識相應觸、身識相應觸、意識相應觸，能否修得智慧，關鍵在於意識相應觸，透過意識相應觸，能懂得中道不二的真理法則，乃是解脫的智慧，即是明觸而滅受。十二因緣中，因明觸而滅受，受滅則愛滅，愛滅則取滅，取滅則有滅，有滅則生滅，生滅則老死滅，無量生死息。

滅受，就是要能不落二邊的智慧，要把生起的「受」，當作只是一種受，不要加上「我的受」。滅受是一種平等、不落二邊的感受，這是日常修行可以檢視的。保持平等的心，例如「順逆皆精進，毀譽不動心」，這是中道不二、平等的智慧，要修定就很容易，如果一天到晚，著相而情緒浮動，則難以修定。能修定，慢慢地離憂、離喜、離苦、離樂，而後是最平靜的滅受，最後連「受」也不起了，是為聖者的「滅受想定」即是「滅盡定」。

（二）想蘊

所謂想就是取相，生起一個印象。想，是相下面加個心，心取了相、住了現象，是認識作用的開始。「想」，對我們是正確或錯誤認識世界的根源；在修行方面，也能修種種的「想」。五遍行，觸、作意、受、想、思，多依循佛法來想，接下來的思，就容易思善，多依凡夫性著相來想，接著就容易思惡，第六識的思善、思惡，正是我們善惡業力的根源。

在修定時，無想定最高的就是滅受想定，修習禪定從初禪、二禪、三禪、四禪一直到無所有定，都稱為「有想」，之所以有想，就是還有個印象，所謂定是「心繫一境」，繫在一個境界上，這個境界往往是取相的，只要是取相就是有想。三果聖者到阿羅漢、佛，是滅受想定，受、想都滅了，才是最高境界。

六、行蘊：心所相應行與不相應行共七十三法

行蘊通三界，分為相應行與不相應行，共七十三法。

（一）心所相應行

相應行包含心法與色法。心相應行五十一心所，除去「受」、「想」的四十九法。

（二）不相應行

不相應行是五位百法的第四位，有二十四法，不與心法、色法相應，但是有生滅變異，所以不屬於無為法，而歸於行蘊。

七、無為六法

無為法是宇宙人間的真理現象，不是佛陀造作的，也不是餘人能造作的，是無始劫以來就存在的，故稱為無為法。佛弟子依循佛陀的教導，依著宇宙人生的真理法則——緣起性空的般若道，不斷地放下自性妄執，向上提昇到聖者的境界：無為法的現前，就是真理現象，也就是涅槃的境界。聲聞乘證得涅槃的本質——「正覺」，足以自我了脫生死，證得無生。而菩薩則是以涅槃無為的本質，「正遍等正覺」，更周遍於協助廣大眾生解脫生死，這是涅槃質量的擴大，達到盡虛空界而圓滿成佛，也就是無上佛果：「無上正遍等正覺」，即「阿耨多羅三藐三菩提」。無為六法：虛空、擇滅、非擇滅、不動、受想滅、真如。

八、八識、五蘊與百法

修學佛法都會觸及「五蘊」的探討，從原始佛教的《阿含經》開始，就談論色、受、想、行、識五蘊。部派佛教的阿毘達磨論典，也是不斷地論議五蘊，到初期大乘佛教也討論五蘊，如《心經》說「照見五蘊皆空」。到後期大乘佛教唯識學，也討論五蘊。從五蘊，了知整個宇宙人生，除了無為法以外，都是由五蘊所排列組合出來的現象，也表明沒有真實不變的我，我只是色、受、想、行、識五蘊，因緣和合與離散的過程而已，因此名為「無我」，無我也是佛教不共於其他宗教的甚深教義。

五蘊於百法，只少了無為法，共九十四法。《八識規矩頌》在百法中，只談及相應法，少了不相應法與無為法，共七十法。可見《八識規矩頌》重視於有為法中的相應法，這是最容易讓我們理解的部分，並且最能運用於日常生活與生命流轉。

（請參閱本書第七十五頁）

〈第三講〉

成佛的修行地圖

本章根據印順導師的《成佛之道》及聖德法師的《八識規矩頌講義》等書，整理出成佛的修行地圖，基本架構依然是三大阿僧祇劫的修行歷程，第一大阿僧祇劫為凡情階段，後二大阿僧祇劫，則為聖智階段。

一、凡情階段

凡情指凡夫發世俗菩提心，踏上成佛之道，必須修福報的資糧位與修智慧的加行位，才能超越凡夫的情執，而達到聖者的境界，也就是見道位。雖然凡夫在修行過程中，總是進進退退，但是最困難的考驗，還是克服凡夫的情執，所以才需要一大阿僧祇劫的時間。凡夫想要轉凡成聖，唯有不斷地福慧雙修，以解行並重的方式，生生世世行菩薩道來完成。

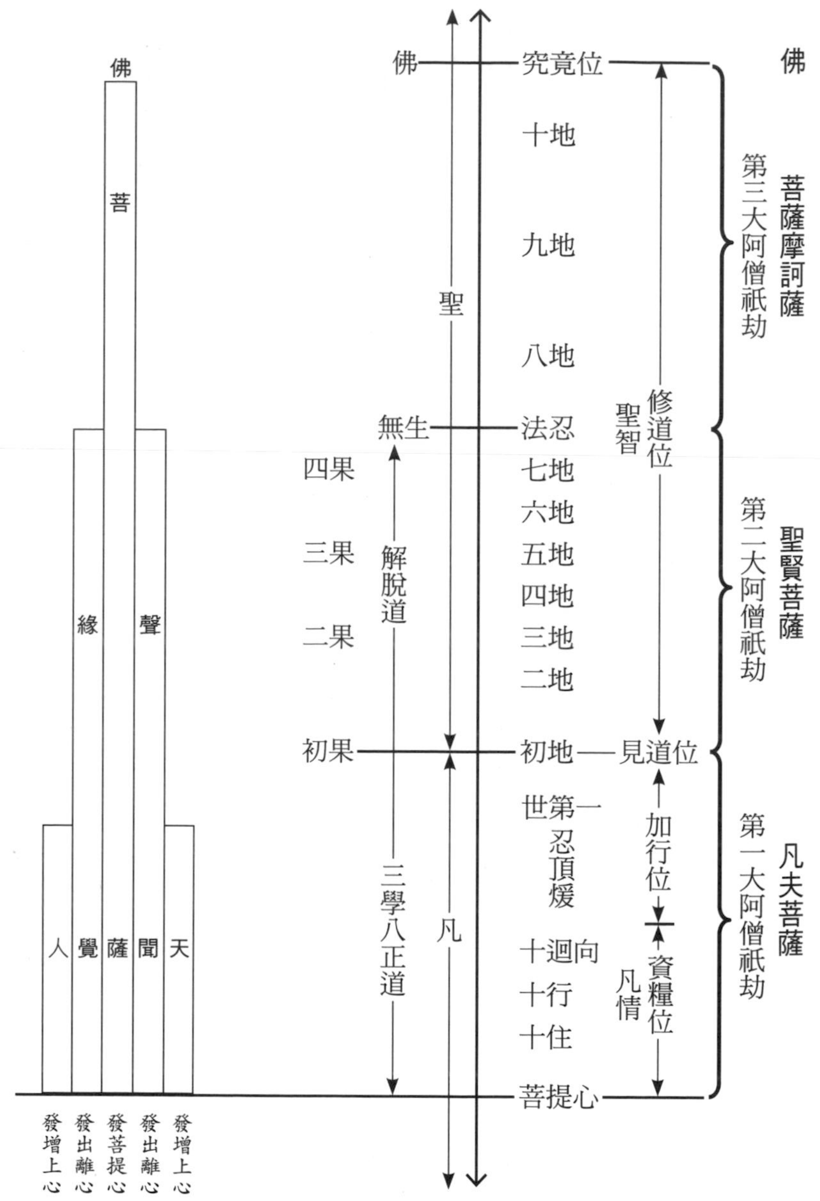
佛
菩
緣
聲
人
覺
薩
聞
天
發增上心
發出離心
發菩提心
發出離心
發增上心
佛
究竟位
十地
九地
八地
無生
法忍
七地
六地
五地
四地
三地
二地
初地
見道位
世第一
忍
頂
煖
十迴向
十行
十住
菩提心
四果
三果
二果
初果
解脫道
三學八正道
聖
凡
修道位
聖智
加行位
資糧位
凡情
佛
第三大阿僧祇劫
菩薩摩訶薩
第二大阿僧祇劫
聖賢菩薩
第一大阿僧祇劫
凡夫菩薩

（一）凡夫菩薩的資糧位

資糧位，是以福德智慧為助道資糧。透過在世間的努力耕耘，培養世間的福報以助修行，但是修行者在積集福報資糧的過程，應不忘與法相應，三輪體空不執著，才不會迷失自我，隨波逐流地貪戀名利。

資糧位的三賢位，亦名為順解脫分，包含：十住、十行、十迴向。

十住，初住為發心住，即是十信的完成，除了福報因緣的耕耘，同時「著重於空性勝解的修習成就」，也就是要安住在勝義。

十行，即是「重在觀即空的假名有」，這些都是中觀的觀念，以大悲心利益眾生。

十迴向，要「重在空假平等的觀慧」。雖然修的是福報資糧位，也應與法性空慧相契，即是福慧雙修。

三賢位的「賢」，是指賢善調和，能修善根，而調伏煩惱的三種修行階位。雖然大乘佛教與小乘佛教對於三賢位，皆有不同的看法，但都認為三賢是指發菩提心開始修行的凡夫位，為十地聖者位以前的階位。

三賢位	內容	同時兼修
十住	發心住（信心、精進心、念心、定心、慧心、施心、戒心、護心、願心、迴向心）、治地住、修行住、生貴住、方便具足住、正心住、不退住、童真住、法王子住、灌頂住。	重於空性勝解的修習成就，安住勝義。
十行	歡喜行、饒益行、無恚恨行、無盡行、離癡亂行、善現行、無著行、尊重行、善法行、真實行。	重在觀即空的假名有，以大悲心利益眾生。
十迴向	救護一切眾生離眾生相迴向、不壞迴向、等一切佛迴向、至一切處迴向、無盡功德藏迴向、隨順平等善根迴向、隨順等觀一切眾生迴向、如相迴向、無縛無著解脫迴向、法界無量迴向。	重在空假平等的觀慧。

1. 十住

(1) 發心住

發十種菩提心，亦稱十信，包括信心、精進心、念心、定心、慧心、施心、戒心、護心、願心、迴向心，這十信的完成，等同初住。

(2) **治地住**

能淨化身、口、意三業，生長一切功德，彷彿種植草木前的修整土地。

(3) **修行住**

善於觀察一切事理，對修行法門能做適度的安排。

(4) **生貴住**

依從佛法，教化眾生，入如來種性，出生高貴。

(5) **方便具足住**

以善巧方便，利益一切眾生。

(6) **正心住**

心住正念，不為毀譽的境界所動搖。

(7) **不退住**

對所聞正法，意志堅定，心不退轉。

(8) **童真住**

了悟世法，三業清淨，不為依報、正報所染著。

⑼ **法王子住**

明了佛法，通達真諦、俗諦的真理。

⑽ **灌頂住**

漸能如法修行，堪受法王正位。

初發深固大菩提心，開始踏上成佛的菩提大道。首先從初住開始，修十信或稱十善：信心、精進心、念心、定心、慧心、施心、戒心、護心、願心、迴向心，前六信地完成，得以達「信不退轉」。這是以修習大乘菩提心為主，但是初期不免「經十千劫行十善行，有退有進，譬如輕毛，隨風東西」。如果能一直進修不退，那麼縱然經十千劫，也能成就菩提心、大乘信心的不退轉，而踏上大乘道的初階——發心住。

修十住同時，以修福報的資糧位為主，但應同時修「重於空性勝解的修習成就，安住勝義」，也就是同時修智慧。大乘佛教中最核心、精髓的智慧，就是般若「緣起性空」的法性空慧。

如何理解「法性空慧」呢？諸法性空的般若智慧，即是對甚深因緣法的殊勝理解與體驗，就是「空性勝解」。因此明白世俗現象，不過是因緣和合而緣生出來，任誰都抵不住緣生緣滅現起的無常現象。所以任何現象，都是無實、不可靠的，「靠山會倒，靠人會老」，唯有「安住勝義」，安住於因緣法的平等性，才是長長久久，乃至生生世世，菩薩道上的智慧修行！

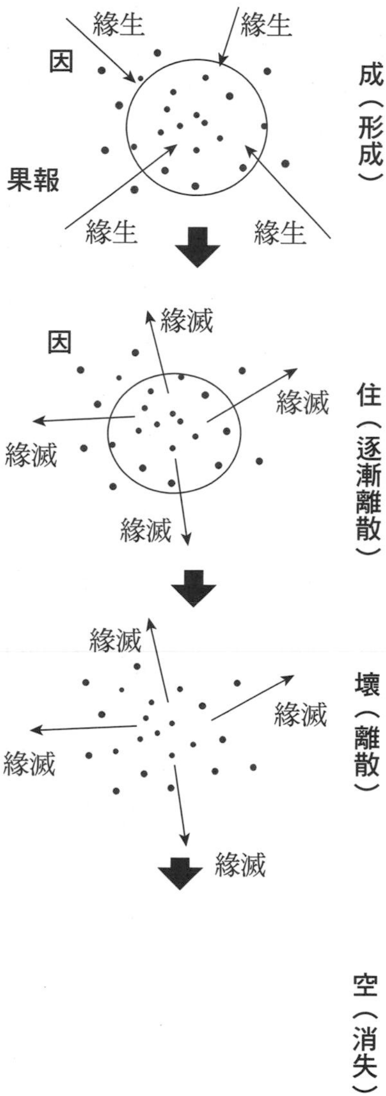

成（形成）
緣生
緣生
因
果報
緣生
緣生

住（逐漸離散）
緣滅
因
緣滅
緣滅
緣滅

壞（離散）
緣滅
緣滅
緣滅
緣滅

空（消失）

因此，十住積集福報資糧，安住勝義讓我們有智慧，而精進不懈安住於因緣法上的修行，只問耕耘，不問收穫。努力耕耘的是「向善的因緣——修福報」，「向上的因緣——修智慧」，因緣具足自然結成果報，果報無法強取豪奪而得，在播種耕耘的當下，不需執著於收穫的果報，這一切都是自然而然成熟的果報。

2. 十行

(1) **歡喜行**

能無所求而行布施，人見歡喜。

(2) **饒益行**

能使自他修持淨戒，遠離五欲，不著塵境。

(3) **無恚恨行**

心空境寂，和顏愛語，實行忍辱。

(4) **無盡行**

修行精進，自化化他，心無退失。

(5) **離癡亂行**

修習禪定，心住正念，無有癡亂。

(6)善現行

修習智慧，悟法無性，隨類度生。

(7)無著行

求法度生，心無厭足，遠離纏縛。

(8)尊重行

尊重善根，增益智慧。

(9)善法行

得四無礙解，護持正法。

(10)真實行

行解相應，色心皆順。

經過「安住勝解」的十住修行，可謂福慧雙修。進階於踏上十行的修福行之外，同時要修「重於觀即空之假名有，以大悲心利益眾生」的悲智雙運。十行中，重於觀「性空」所呈現的世俗「相有」、「假名有」，能自在無礙，觀即空的勝義空性中，世出世入無礙，不因勝義諦性空，而障礙世俗的相有；也不因世俗諦相有，而障礙勝義諦的空觀，主要是不離利益一切眾生的大慈大悲心。

3. 十迴向

(1)救護一切眾生離眾生相迴向

救護一切眾生，離怨親差別之相。

(2)不壞迴向

以三寶堅固信仰，迴向一切眾生，明了佛理。

(3)等一切佛迴向

不著三世生死，不離菩提聖行，迴向修行事業。

(4)至一切處迴向

迴向所修善根，供養諸佛，利益眾生。

(5)無盡功德藏迴向

修大懺悔法，離諸業障，由迴向已，獲無盡善根。

(6)隨順平等善根迴向

以內外財，施捨眾生，濟度世間。

(7)**隨順等觀一切眾生迴向**

以增長究竟善根，迴向一切眾生，脫離生死。

(8)**如相迴向**

成就定慧，心無依著，迴向所修善根，隨順真如。

(9)**無縛無著解脫迴向**

對所攝善根，以無著解脫心，饒益一切眾生。

(10)**法界無量迴向**

受記莂，能說法利生，以此法施，迴向善根，等同法界。

以悲智雙運的十行，出入無礙後，進入以「空假平等的觀慧」周遍一切的「十迴向」。世間所有一切，都是性空而假有，宛然有而畢竟空，諸法的法相是有的，卻是不斷地變化的相有，由緣生而至緣滅，不曾停息的相有，因此只是宛然有的現象。畢竟空，則是因為甚深的法性是空性的，空性即是平等性，也因為因緣是平等性的，因緣會自然地物以類聚，因為努力程度的不同，排列組合出有差別的現象。

不平等的相，是因緣和合出來的表淺果相，只是假合的、暫時的現象罷了。甚深的因緣法，則是充滿平等性，因為深諳法義，而能平等地接受一切現象，方能達於聖者的平等相現前，這是透過甚深的觀慧而成就，迴向是透過平等而周遍一切而成。

三賢位的三十位菩薩，在人間多為政治領袖，施行仁政來普利人群。十善（十信）菩薩多為小國王，以武力統一，是施行仁政的鐵輪王。十住菩薩，多為統一二洲的銅輪王。十行菩薩，多為統一三洲的銀輪王。十迴向菩薩，多為統一四洲，不依武力的金輪王。即使修習十信而失敗的「敗壞菩薩」，也多數感報為國王，施行利人的善政。由此可知，初學大乘菩薩道的人，多在人間，不廢人間的正法。等到證入聖位，才遍處人天，隨感而應化。

三賢菩薩，雖歷經無數劫的生死輪迴，仍未脫離凡夫的名言習氣，依然停滯在有漏的外凡境界，必須到達第十迴向後，心方能進入轉凡成聖。隨順說一切有部、瑜伽的學者，安立「煖、頂、忍、世第一」的現觀次第名為加行位，即加功用行，名為四善根、四加行，亦名順抉擇分，是凡夫菩薩修行歷程的第二階段。

（二）加行位的四善根位

「煖、頂、忍、世第一」是四加行位，第一大阿僧祇劫的時間，並沒有固定，也因眾生根機而異。在第一大阿僧祇劫，除了重視修習福報的資糧位，修智慧的加行位也很重要，兩者相輔相成。成佛的過程，包括：資糧位、加行位、見道位、修道位、究竟位。「見道位」，就是斷「三結」超凡入聖的關鍵點，在此之前，須要善用四善根位。

《阿毘達磨俱舍論》說：「煖必至涅槃，頂終不斷善，忍不墮惡趣，第一入離生。」頌文點出加行位的四大功德。

1. 煖位

煖位是熏習正法，得到的法喜，如同鑽木取火，火未生起前，木頭先有溫度，這就是煖。煖是譬喻聖火光明，是見道位無漏智的前相。若入此位，即使退墮惡道，不久也必得涅槃。

《成唯識論》云：「依明得定，發下尋思，觀無所取，立為煖位。」修尋思觀就是要遠離執著，使既得的煖法，得到旋根脫塵的養護，而不再退墮。四尋思觀的內容如下：

⑴**名尋思觀**

觀察表義的名稱符號，皆由自我的心識假立，與客塵事務毫無關係。如說食不能充飢，說飛不能沖天，足見名稱並非事實。菩薩作此觀時。方能遠離表義名言的執著，以絕一切煩惱的生起。

⑵**事尋思觀**

觀察顯境的名稱符號，客塵事物，皆為六根門頭所接觸的對象，悟出各種現象皆是假立，如幻如化，因而脫離顛倒的執著。

⑶**自性尋思觀**

觀察每一事物的自體性與獨立性，均係相依相存的假象，並無永久不變的實體，即使人的一期生命，也不過是四大假合，一切都是唯識所現，離識非有，由是漸悟諸法的名、事、自性皆空。

⑷**差別尋思觀**

此觀專指名、事的差別相，就事而言，有正反、動靜、大小、方圓、高低、善惡，以及生、住、異、滅的差別。修此觀時，應觀察種種差別諸相，亦唯假有，離識不可得，由是漸悟諸法空相。

行者修此四觀，便知萬有諸法假立。修習時前二應作別觀，亦名離觀，後二可以總觀，亦名合觀，觀想成就，便得「所取空」。

離觀	名	名自性	合觀
		名差別	
	事	事自性	
		事差別	

《成唯識論》煖位，行者「依明得定」，依著此四尋思觀的方式，愈觀愈明，愈明愈定，愈來愈不為表相的表義與顯境名言所牽制。由離觀與合觀，悟得諸法的名、事、自性皆空，漸漸不被差別相所影響，觀想成就，便得所取空。不過此觀，

乃為煖位下品尋思觀。

「煖必至涅槃」，涅槃乃聖者的境界，必須透過甚深空義而達到。由於唯識系重視現象，因此極為細密的分析與切割；而性空學系重視法性空慧，直接由般若的「緣起性空」與「中道不二」下手，反而好用。

2.頂位

此位行者，觀行轉明，在煖位之上，如登高山，遠矚四方。若入此頂位，即使退墮惡趣，終「不斷善」根。《成唯識論》云：「依明增定，發上尋思，觀無所取，立為頂位。」「依明增定」，是在煖位「依明得定」後的更進一步，是智慧增長之定。煖位是下品尋思觀，頂位轉為上品尋思觀，重觀無所取，再度肯定所取的種種名、事、自性、現象皆空，達於最高絕頂，故立名「頂位」。

3.忍位

忍與認同義，凡夫於未證得諸法實相現前，須先確認因緣法空性，才能達於平等相。由此觀慧，能確認法性空慧之理，善根已定，不再動搖、不再退墮惡趣，是「忍不墮惡趣」。

此位若不以空慧來做淨化意業的工具，易退失既得的境界。「忍」有印可尋思觀的空理之義，將行為的指導原則，安住在法性空慧上，而不為一切現象所動。《成唯識論》云：「依印順定，發下如實智，於無所取，決定印持，無能取中，亦順樂忍。」由觀念轉化為實踐，實踐必以智慧為前導，故忍位和世第一法所修的觀行，雖未脫尋思觀的範疇，另名為「四如實智」。

忍位中印持前四尋思觀，隨順法印而修定，與如實智能相應，但仍屬下品。經過前煖位觀無所取，頂位再度確認，忍位再三印可無所取。唯識稱「虛妄唯識」，就因為無所取，所取的一切現象，都是因緣和合而生，因緣離散而滅的無常現象，故說虛妄。性空學系「中道不二」，就是唯識學系「無二無別」的法印，於是在無所取中，回頭印持無能取，為了能達於「無二無別」，所以「無能取中，亦順樂忍」，預作暖身。此忍位，決定印持「無所取」為下忍位，觀察「能取空」為中忍位，印持「能取空」為上忍位。

4.世第一位

《成唯識論》云：「依無間定，發上如實智，印二取空，立世第一法。」無間定仍以煖、頂二法的禪定為基礎，由忍位至見道位中間，無有間斷，所以名為「無間定」。菩薩以此定力，而發上品四如實智，印持所取、能取二取皆空，安住於「即寂即照，即照即寂」，二取空的心境，於世間中最為殊勝，所以名為「世第一」。

世第一位，為世間有漏法中，最為殊勝之法，能於無間定中，頓入見道位，生無漏智，證得初果聖者的境界。世第一位即是入離生，也就是「正性離生」，證得寂靜涅槃，能跳出世間，不受世間束縛。能否離生、解脫的關鍵在於智慧，而不在禪定，禪定只是助緣，智慧須要透過加行位達成。

「菩薩畏因，眾生畏果。」眾生害怕惡果，卻不知惡果來自惡因；而菩薩所想的是，避免造惡因，只要努力耕耘福田。就修行佛道來說，要達到超凡入聖，必須要先斷三結，從根本煩惱下手。

三結的「疑結」要以智慧來化解疑惑；「戒禁取見結」要以如法的持戒來解縛；至於「我見結」，則是要透過加行位：煖、頂、忍、世第一，才能消除我見執著。

四加行	內容	修行		《俱舍論》
世第一位	依無間定， 發上如實智， 印二取空， 立世第一法。	修四如實智	至無漏 ↑	第一入離生
忍位	依印順定， 發下如實智， 於無所取， 決定印持， 無能取中， 亦順樂忍。			忍不墮惡趣
頂位	依明增定， 發上尋思， 觀無所取， 立為頂位。	修四尋思觀		頂終不斷善
煖位	依明得定， 發下尋思， 觀無所取， 立為煖位。		由有漏	煖必至涅槃

不依世俗諦，不解真實義。所謂勝解就是真實義，並非脫離世間、生活的談玄說妙；應該在生活的基礎上，以更自在、更超越的角度，來觀照生活。我們能夠深入法性，就能解脫、超越人生苦海。

唯識學就是要幫助我們，善用般若的觀照智慧，在波濤洶湧的世間，具有潛入深海的能力，感受深海的沉靜。如此一來，當浮出海面時，就不會迷暈於世間現象，更能夠坦然接受世間一切。

依個人淺見，唯識學稱聖者「正性離生」的境界，為「性境」，可見菩薩透過「法性空慧」，聲聞透過「甚深空義」，皆由於「空」，放下自性妄執，才能達於涅槃解脫的境界。在凡夫地直接修般若道，以性空，放下自性妄執，修行果位自然逐漸向上提昇，而達「超凡入聖」。而唯識學的四加行，是以很詳細明瞭的方式，讓我們理解修行各果相，在高度與景象的差異。因為唯識系重「相有」，從現象擅作分析，而細分為「煖、頂、忍、世第一」四個階段，般若、中觀系直接透過「緣起性空」放下自性妄執，而以聞慧、思慧、修慧，逐漸向上提昇果位高度達於「超凡入聖」的現證慧。

二、聖智階段

凡夫透過一大阿僧祇劫修行的歷程，終於超凡入聖，達於聖者的境界，最關鍵的是第六識斷三結，初果證得涅槃，接著是走上解脫道或菩薩道。解脫道因為心量小，解決個人的生死，四果證得無生，不受後有，很快地達到了生脫死的目標。

登地以上的聖賢菩薩，又經過一大阿僧祇劫的修行，達於七地圓滿，第七識的雜染習性完全消失，轉染成淨，不必再投胎轉世。個人可以無生，卻為眾生而法忍，「無生法忍」後，成為可以分身的菩薩摩訶薩，隨處祈求隨處現，直到第八識的雜染種子，全部出清，以清淨法身，盡虛空、遍法界，究竟圓滿成佛！

（一）見道位斷三結

斷三結，將第六識轉為妙觀察智，就是「轉迷啟悟」的智慧，但只是下品轉的階段。所謂妙觀察，是不再依靠肉眼，執著粗糙的相有，進行觀察判斷，而能轉為運用更深更細的因緣法，微妙觀察因緣法的平等性，如實了知，透過緣起性空，放下自性妄執，而達於諸法實相。換句話說，妙觀察智不再是：只用眼睛看或耳朵聽的世智辯聰，而是經過佛法的修持，轉化第六識，才可能進入聖者的見道位。

1.小乘初果證涅槃

聲聞乘修證可得四種果位，包括：須陀洹果（初果）、斯陀含果（二果）、阿那含果（三果）、阿羅漢果（四果）。初果是「超凡入聖」的第一個聲聞果位，證果的基本條件為斷三結。

「結」是煩惱的異名，一說是煩惱會結集生死苦果，另有一說是煩惱如繩，結繫縛眾生不得解脫生死。三結也稱三縛結，包括三種見惑煩惱：一者戒禁取結，為執取錯謬因果的邪戒；二者疑結，為懷疑正理，不信正法；三者我見結，為執著有真實不變的自我。

2.大乘登初地忍而不證

凡夫菩薩經過一大阿僧祇劫，在資糧位與加行位的修行圓滿，得以超凡入聖，見道位現前。「般若將入畢竟空，絕諸戲論」，以慧眼見得真理現象的現前，是無法用語言文字來表達的。但見道位並不是修行的究竟目標，見道位後，進入後二大阿僧祇劫的修道位，「方便將出畢竟空，嚴土熟生」。登初地的菩薩，稱為聖賢菩薩，因慈憫生死苦海的眾生，故忍而不證涅槃，因為一旦證入涅槃，就如同初果聖者七來生死，二果聖者一來生死，三果聖者不來生死，四果阿羅漢即不受後有，解脫生死。菩薩一旦證入涅槃，解脫生死，就遠離眾生，若遠離眾生，就不名為菩薩，故忍而不證。

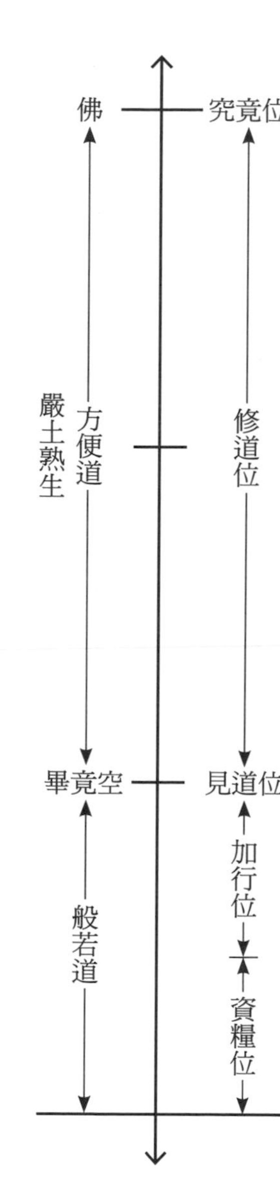

行菩薩道到圓滿成佛的修行過程，包含第一大阿僧祇劫的般若道，和第二及第三大阿僧祇劫的方便道，才構成完整菩提道之修行次第。如同《金剛經》二道五菩提，二道就是般若道和方便道；五菩提的第一個「發心菩提」，是踏上成佛之道

的關鍵點，接著便是進入般若道的第一大阿僧祇劫過程，就是以「無住生心」，即是「只問耕耘不問收穫」的心，來調伏煩惱心——「伏心菩提」。經過一大阿僧祇劫達於見道位——「明心菩提」現前，接著即是後二大阿僧祇劫菩薩道的「修道位」，就是「出到菩提」，擴大畢竟空的量，達到盡虛空界的圓滿，最終成就成佛的究竟空——「究竟菩提」。

「應無所住而生其心」，並非要將觀空當成「頑空」，誤會修行，不必辛勤耕耘，反正一切都空，修了半天還是空，索性就不修！所謂空，並不是空空如也的空，而是甚深空義的空、性空的空，空是否定因緣的自性，具有單一的、不變的、真實主宰的特性，放下執著，向上提昇修行的意境。「應無所住而生其心」的「住」，不是住在追求果報，而是在因地上隨緣盡分地耕耘。

舉例來說，父母養育孩子的目的，不是為了孩子長大後，是否功成名就，不是養兒防老，安享晚年，而是因為和孩子結了親子緣，就要隨緣盡分，盡力栽培，不論孩子成就如何，依然長久關懷。我們往往追求果報，其實更應該著重因緣。我常常覺得特殊孩子的存在，好像專門用來培訓、鍛鍊菩薩，是菩薩的訓練、養成所，考驗著父母有沒有菩薩的心。因為教育特殊的孩子，難以看到進步與成果；可是即使沒有任何進步，父母還是沒有得失心，繼續教育孩子，這種心態已經超越了世間法。

世間法講求「一分耕耘，一分收穫」，這在道理上是對的，但是在因緣上耕耘後的收穫，成熟了的果報會自然現前。如同播種後，經過澆水、施肥、除草等，等待種子生根、發芽、長大、茁壯、開花、結果，往往不知多少時間才會成熟。可能要好幾十年才能收穫，我們能等待嗎？可能有生之年都等不到，要經過好幾輩子後，才能成熟現前。如果眼光短淺，因為在期待中見不到成果而失望，就容易退失道心，不再耕耘。

佛法是非常積極的，只要和佛法相應的，就是如法的，就要全力以赴，縱然沒有結果，依舊鍥而不捨。菩薩就是這樣的心，從來不追求結果或回報，此即「應無所住而生其心」。「無所住」是不執著於果報的追求，而安住於因地上，不斷地耕耘因緣。以菩薩的角度來說，就是「只問耕耘，不問收穫」。

漫長的菩薩修行歷程，從資糧位、加行位，一路抵達見道位的轉凡成聖，在修道位上。還需要反覆驗證真理現象，終而達究竟位成佛。

（二）解脫道發出離心

就教育體系來說，大部分人適合正常教育，只有少部分人選擇特殊教育，緣覺就是屬於特殊教育；但是對多數眾生來說，還是走正常教育的路線為主。因此，佛陀對大部分眾生說法，還是以聲聞按部就班的方式，由凡夫而入聖，甚至證得無生，解脫、超越個人的生死輪迴。佛陀常為聲聞說四諦法，為緣覺說十二因緣法，出世的關鍵是智慧，都是觀甚深義得以解脫。

1. 初果聖者

須陀洹，意思為「七來」生死。觀緣起法無常、無我，而契入緣起空寂性，就是體見正法，也是「入法界」，參與了聖者之流，這是現見正法，自覺正法。主要是斷了生死根本的三結，真智現前，體見法性，不再墮惡道，僅餘七來生死，在聖位中，初果最為可貴難得。

2. 二果聖者

斯陀含，意思為「一來」生死。由初果而進修，經過人間天上的六番生死，剩餘修惑，所能潤生的力量，只有一生天上，一生人間，就再不能延續了，由於進修而減薄了修道所斷惑，只餘一來生死。

3. **三果聖者**

阿那含，意思為「不來」生死。初果斷三結，三果又進一步斷盡欲貪與瞋，共「五順下分結」盡。也就是斷盡欲界修惑，雖在人間，已經不再染著欲界的五欲、男女欲，如果是在家弟子，也會絕男女欲。

4. **四果聖者**

阿羅漢，意思為「應供、殺賊」。三果之後，生到上界，聖道現前，「斷惑究竟」淨盡時，就證第四果。「我生已盡，梵行已立，所作已辦，不受後有」，斷「五順上分結」：色貪、無色貪、掉舉、慢、無明，總共十結，斷盡繫縛三界的一切煩惱。阿羅漢此生壽命盡時，就「前蘊滅，後蘊更不生」，入於不生不滅的「無餘涅槃」，是聲聞乘最究竟的果位。

（三）菩薩道發勝義菩提心

1.凡夫菩薩（發菩提心至初地前）

凡夫若發世俗菩提心，稱為凡夫菩薩，經過資糧位與加行位圓滿，達於見道位，而登初地至七地圓滿，稱為聖賢菩薩。聖賢菩薩因為已經見道，證得勝義諦、真實義的現前，所發的菩提心，名為勝義菩提心，進入第二大阿僧祇劫的修行。

2.聖賢菩薩位（初地至七地圓滿）

登地的「地」是能生功德，現證法性，依法性能生種種無漏功德（也稱法界），如依地而生草木珍寶一樣。

初地：布施加斷三結。

二地：持戒加修十善。

三地：忍辱加修禪定。

一至三地，以大乘心行，來行共五乘的世間善法。

四地：精進加修道品。

五地：禪定加修四諦。
六地：般若加修緣起。
四至六地，以大乘心行，來修共三乘的出世善法。
前六地修施、戒、忍、進、定、慧六度萬行。
七至十地加修方便、願、力、智為十波羅蜜。

(1) **初地菩薩：初住極喜地，生諸如來家，斷除三種結，施德最增勝。**

菩薩初證聖性，嘗到前所未有的離繫樂，觀察如來所有的一切功德，自己都有分，能得能成，無比的歡喜，生諸如來家。初地菩薩勝解法空性，深細抉擇，後觀無我、無我所而證入法空性，斷三結入見道位。初地菩薩的布施功德，無一不能捨，最為增勝，稱為布施波羅蜜多圓滿。

(2) **二地菩薩：戒得滿清淨，名為離垢地。**

第二地是離垢地，持戒波羅蜜多偏勝，持戒功德，圓滿清淨。自修十善，也教人行十善，以大乘心行廣行十善，達到身、口、意業的圓滿清淨。

(3) **三地菩薩：發光地忍勝，慧火除諸冥。**

第三地是發光地，修忍波羅蜜多偏勝圓滿。因為勤求佛法，能受持一切佛法，又勤修禪定。由於聞法及修定，慧力增強，如火光煥發，除諸冥暗。

(4) **四地菩薩：進滿修覺分，焰慧見無餘。**

第四地是焰慧地，修精進波羅蜜多偏勝圓滿。精勤修習三十七覺分，火焰似的慧光，熾盛起來。依我見來的著我、著法，種種愛著，都如火燒薪一樣，無餘永滅。

(5) **五地菩薩：難勝靜慮勝，善達諸諦理。**

第五地是難勝地，修靜慮波羅蜜多偏勝圓滿，加修共三乘聖法四聖諦。從前初地現證法空性時，盡滅一切戲論相，「般若將入畢竟空，絕諸戲論」，等到證真定而起時，有相又出現。於是「方便將出畢竟空」，即空有不並，互相出沒。直到五地，真能雙照極無自性的幻有，與幻有的極無自性，這才真正真俗無礙，空有不二的現前，這是經無限的修習而到達的，所以稱為難勝。

初地的現證法性，是凡聖關，五地則為大小關，因為現證空有不二，才不會於生死起厭離想，於涅槃起欣樂想，真的能不住生死，不住涅槃，超出了小乘聖者的心境。

(6) **六地菩薩：第六現前地，慧勝住滅定，佛法皆現見，緣起真實性。常寂常悲念，勝出於二乘。**

第六地是現前地，慧波羅蜜多偏勝圓滿。菩薩在般若慧與大悲願資持下，能入滅盡定，而且在定中現證法性。爾時，佛法皆現前，了了明見，所以名為現前地。在甚深空慧中，緣起真實性，也就是幻有即空，空即幻有的不二平等，也能深徹照見。第五地雖能真俗並觀，這是極難得的，到第六地只要「多修無相作意」，就能現證空有無礙的緣起中道。所以六地菩薩能常寂，又能常悲念眾生，這是大悲與般若不二，中道的證境。為大乘的不共勝法，而勝出了二乘的智慧。

(7) **七地菩薩：遠行於滅定，念念能起入；方便度熾然，二僧祇劫滿。**

第七地是遠行地，就更深妙了。七地菩薩能於滅盡定中，念念能起定，也念念能入定。這不但是要入就入，要出就出，而且是入定就是出定，出定就是入定。

初地以來智證空性是無相的，但出了深觀，就是後得智，也還是有相現前。五地能難得的達到空有不二的無相行，六地進步到只要多修無相作意，就能無相現前，但仍有間斷。到了七地，就能無間斷的無相現前。第七地即是十波羅蜜中的方便度，以後還有願、力、智四波羅蜜多，都是般若的方便妙用。方便度最為殊勝，如火焰愈來愈熾然。

到第七地終了，就是第二大阿僧祇劫滿，到了純清淨無相行的邊緣，即將進入第三大阿僧祇劫，七地如同兩國中間的瓶頸地帶，第一大阿僧祇劫是有相行，進入第二大阿僧祇劫是有相行、無相行的間雜行，七地無相而有功用，第二大阿僧祇劫後，純是無相無功用了。第七地到了第二大阿僧祇劫結束的邊緣，所以名為遠行地。

3. 菩薩摩訶薩（八地以上）

(1) 八地菩薩：進入不動地，無相無功用，盡斷三界惑，大願極清淨。以如幻三昧，三界普現身。

第八地是不動地，既無相又無功用，此地智慧與功德，都任運地增進，煩惱也不再起現行。如人在夢中渡河，用盡一切伎倆，艱苦地用力過去，忽然醒來，就一切功用都息了。煩惱障已不斷而自然斷盡，所以八地菩薩得「無生法忍」，才盡斷三界惑，八地的無相行，證無分別法性，如阿羅漢的證入涅槃一致。八地的大願最極清淨，所以能於無相無功用行中，起如幻三昧，於三有中，普現一切身，普說一切法。不但能知如幻，而且是顯現如幻，隨處祈求隨處現，千處祈求千處現，與空性平等不二。

(2) **九地菩薩：善慧無礙解，圓淨一切力。**

第九地是善慧地，更為增勝，能圓滿清淨一切力波羅蜜多。不論是自證的，不用說是無相無功用的，就是為他說法，也能不持功用。九地菩薩，能於法、義、辭、辯四無礙智，在一切說法人中，為第一大法師。菩薩能一音說一切法，為無量差別根機，一時說一切應機的法門，自然而然地不加功用。

(3) **十地菩薩：第十法雲地，諸佛光灌頂，智增澍法雨，長善如大雲。**

第十地是法雲地，如王子冊封了太子，要正式登位。十地菩薩位居補處，也就要圓滿成佛了。這時就有十方一切諸佛放大光明，諸佛光灌頂，象徵一切諸佛的菩提智光，入於菩薩心中，菩薩的菩提智光，與諸佛無二無別。法雲地是智波羅蜜多增勝，不但能自在說法，而且能遍法界而現神通，現身說法。降澍大法雨，如大雨滂沱，無處不滿，大地的一切卉草樹木，不論大小，都得到滋潤而茁長。所以十地菩薩的現神通說法，能長養眾生善根，如大雲的時雨滂沛一樣。

印順導師在《成佛之道》說，菩薩是屬於願意生生世世為眾生的，是屬於「利」根機。我們本來以為，自己趕快了脫生死才是利的根機，其實這反而是鈍的根機，因為自性妄執還沒有完全消除，我們才會生死未了如喪考妣。

如果比較聲聞乘與菩薩乘的修行歷程，聲聞乘從證初果，到證四果的過程確實很快，從七來生死、一來生死到不來生死，接著就證四果阿羅漢不受後有。聲聞乘證「初果」最困難，之後則勢如破竹。而菩薩道單從初地到七地圓滿，就需要一大阿僧祇劫，完全難以想像如何走過這樣漫長的時光。菩薩乘最困難的是「無生法忍」，要通過成佛的考驗只有一個字，就是「忍」。

忍，並非只是單純對世間人事與環境的，耐怨害忍與安受苦忍，最深刻的是對佛法的諦察法忍。佛教將「聲響忍、柔順忍、無生法忍」，合稱為三法忍。所謂的忍，是體悟、認識事理而心安。因此聲響忍即是聽聞教法而得心安；柔順忍則是隨順真理而思考得悟，而調柔心性；無生法忍，菩薩能證無生，可解脫生死，因悲憫眾生而法忍，留惑潤生，隨處祈求隨處現。

可以說菩薩的修行之道，是忍、忍、忍……，一路地這樣忍至成佛，也就是不斷地用自己的生命與佛法確認：真的是諸法無我、諸行無常嗎？真的能涅槃寂靜嗎？菩薩在修證的過程中，能否往成佛的方向進步，就在於是否確認法性空慧；要能確認法性空慧，才能夠接受得一切法相。這一分對法的確認無誤，不是用於生活的表相，而是以生命來實踐。因此，我們發願生生世世，不斷地為眾生奉獻，如菩薩摩訶薩發的大願就是「虛空界盡、眾生界盡、眾生業盡、眾生煩惱盡，我此迴向無有窮盡，念念相續無有間斷，身語意業無有疲厭」，是如此無窮無量的願啊！

以我個人為例，一年之內面對家父、家姊兩位至親的驟然辭世，喪親之痛，無常的衝擊，曾令我有萬念俱灰之感，當時也曾懷疑自己十多年弘法利生的功德，難道不能延緩生離死別的來臨嗎？後來還是透過佛法，印證生命的無常，不斷地思考、不斷地體會，我終於慢慢地接受了至親的生死，才能漸漸地走出深深的哀痛。這段經驗，我對佛法有了再次深刻地確認。也就是說，這個經驗是深刻地融入到我的佛法生命體系。所以說智慧的萌發，需要經歷親身痛苦的代價；接受困境的考驗，才有智慧的成長。

（四）成佛究竟位

十地菩薩修行到三大阿僧祇劫的功德圓滿，就從菩薩地而登妙覺地——佛地。佛的大菩提，稱為「無上正遍等正覺」，正也就是妙，所以佛果是等覺又妙覺。菩薩十地的修道位上，首先斷除煩惱障，但尚有煩惱的習氣，這些習氣，在聲聞為「不染汙無知」，在大乘是「染汙的無明住地」。由於無相智的進修，習氣愈來愈薄，法性空慧也愈來愈明淨。等到盡淨消融，智慧也能更悠久，更廣大，更深細的了達一切。最終，淨治「於一切所知境界極微細著愚癡」，及「極微細礙愚癡及彼粗重」，才究竟圓滿成佛。「永無障一切相不顯現，最清淨真實顯現」，也就是「最清淨法界」顯現，斷一切煩惱習氣而成佛，發心修學到此，才真正是功德究竟圓滿。

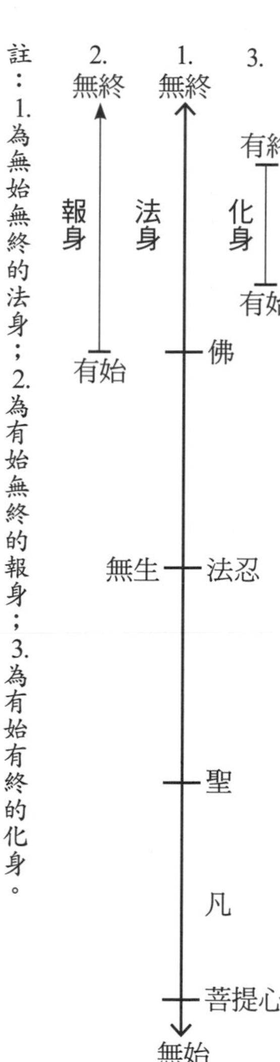

註：1.為無始無終的法身；2.為有始無終的報身；3.為有始有終的化身。

佛陀以三身度化眾生：

1. 清淨法身（無始無終）

法身就是圓滿覺證，是出離煩惱障所顯得最清淨法空性，圓明自在，究竟無上。到達「永離諸障，一切相不現行」，所以最為寂靜。佛佛道同，平等平等，從佛而觀一切都是平等的。法空性無分別，所以說「如如如如智，名為法身」。法身的如如智不可分別，如同摩尼寶珠一樣，有微妙的神用，能利益一切眾生。

2. 圓滿報身（有始無終）

佛的圓滿果德，難以思議，具有：十力、四無所畏、十八不共法、大悲、三不護、妙智功德。

⑴ **十力**

佛降伏魔外的勝能而安立，十力是：處非處智力、業異熟智力、靜慮解脫等持等至智力、根勝劣智力、種種勝解智力、種種界智力、遍趣行智力、宿住隨念智力、死生智力、漏盡智力。

⑵ **四無所畏**

表示自利利他的絕對自信，四無所畏是：說一切智無所畏、說漏盡無所畏、說盡苦道無所畏、說障道無所畏。

⑶ **十八不共法**

超越凡夫、小乘而立。十八不共法是：身無失、語無失、念無失、無異想、無不定心、無不知已捨、欲無減、精進無減、念無減、慧無減、解脫無減、解脫知見無減、智知過去無著無礙、智知未來無著無礙、智知現在無著無礙、身業隨智慧行、語業隨智慧行、意業隨智慧行。

⑷ **大悲**

大慈大悲，無緣大慈，同體大悲心。

(5)三不護

如來的身、口、意三業，清淨現行、決無過失、不用怕人知而藏護自己。

(6)妙智

就是如來的無師智、自然智、一切智、一切種智等。

3.千百億化身（有始有終）

佛陀以化身度化地前菩薩、二乘及凡夫。依清淨法身而起圓滿報身，如依太陽而有光有熱，光與熱遍一切處，但不離於太陽。化身如水中月影，只是經水反映而現起。

清淨法身佛是常住、沒有來去、沒有出沒，故說「得不動身」，如同「溪聲盡是廣長舌，山色無非清淨身」。但由於悲願熏發，為了化度三界眾生，能無功用的現起化身，有來有去，有生有滅，如長者「火宅三車」喻，勸誘孩子們以大車乘、中車乘、小車乘，出離三界火宅。

佛陀於二千五百年前，以悉達多王子身分，誕生於印度的迦毘羅衛國，少時遊四城門見百姓生老病死之苦，印度王族為關懷百姓耕種，王子隨之於樹下觀耕，見到有情眾生的生死食物鏈等，為謀社會救濟與生死解脫，二十九歲決意出家，經苦行林苦修六年而放棄。於尼連禪河邊接受牧羊女供養乳糜後，在菩提迦耶敷草為座於樹下禪思四十九日，正觀緣起法，證覺緣起的寂滅，夜睹明星，廓然圓悟超越一切障礙而成等正覺，因而得佛陀之名。

佛陀三十五歲於鹿野苑初轉法輪，為人間建立三寶，沿著恆河兩岸說法度眾生。世尊，不務深邃理論的闡述，不為苦行奇事以惑眾，只以簡明切實之教旨，示人以中道之行，務使聞法者能隨緣盡分，去惡進德以自淨其心。世尊遊化四十五年，八十歲入滅。佛陀的化身有其生滅，但自此以往，如來法身常在而不滅也。

〈第四講〉

凡夫的情執

我們將進入《八識規矩頌》的偈頌本文介紹，為方便理解凡情與聖智的不同，掌握修行重點，所以將頌文分別拆解為第四講凡情雜染的探討，以及第五講聖智清淨的研究。

研讀《八識規矩頌》，如果直接逐一做句解，往往會有見樹不見林的局限，看似每句話都了解，其實是似懂非懂。因此，我們需要掌握唯識學的核心觀念，才能真正清楚《八識規矩頌》所要傳達的內容重點與修行要領。

《八識規矩頌》前五識、第六識、第七識、第八識偈頌本文的第一句，皆是對性、境、量的描述，接著說明八識在三界九地的活動範圍，分析相應心所，了解依緣、體相業用，這些皆為八識的「規矩」。知煩惱才能解煩惱，透過理解這些頌文內容，我們將能清楚八識的特性，進而轉雜染凡情為清淨聖智。

《八識規矩頌》的偈頌本文，都依前五識、第六識、第七識、第八識的順序排列。基於第六識的所有三性、三境、三量，以及五十一個心所等，是最為周全，是故針對八識的修行下手處，理當先從第六識，加上「六七因中轉，五八果上圓」的原則，本章的順序先從第六識，可以比較整體地介紹，接著是第七識，然後是第八識，先將這整顆心從淺逐漸入深（識、意、心三部分），做完整地分析與比較，最後才介紹前五識，因為前五識：眼識、耳識、鼻識、舌識與身識，依於眼根、耳根、鼻根、舌根與身根五根，五根是我們的正報身，也就是果報身，是由這整顆心的最深處：第八識內所攝持的種子，是因緣和合具足才變現出來的果報體，所以留待最後介紹和解說。

但是在此之前，為方便理解學習，特別先整體性地解說：三性、三境、三量，之後再分別於各識中仔細解釋內容。因此，本講分為六部分：一、三性、三境、三量；二、第六識的了境分別；三、第七識的思量雜染；四、第八識的異熟種現；五、前五識的自性分別；六、唯識學的修行過程。

一、三性、三境、三量

我們尚未進入八識之前，必須先建立三性、三境、三量的基本觀念，知道心識所緣的特性、境界與度量，再分析心王與心所，清楚善心所與煩惱心所的分類，就

三性、三境、三量

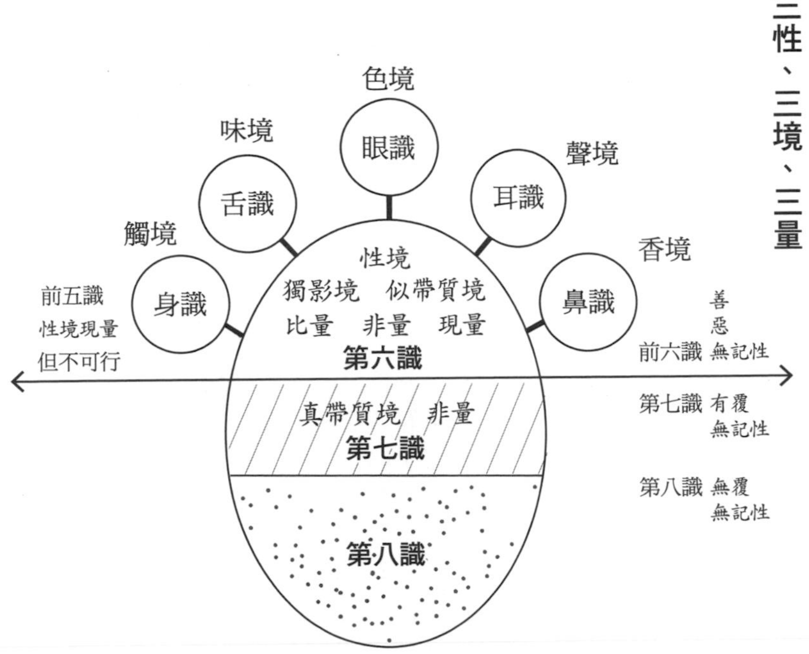

不至於造作種種顛倒妄想。

凡夫眾生從無始的過去世來到現在世，乃至無終的未來世，都是帶著宿世以來雜染的因緣業力，現在世繼續造作業力因緣，因此不停地招感生死輪迴的果報，又不斷地生活在顛倒妄想的世界中，可由三性、三境、三量的唯識角度來分析探討。由凡轉聖的重要關鍵在初地的現證法性，由此性境、現量將盡虛空界；而在證八地無生法忍前，則是帶質、獨影的生死無盡。

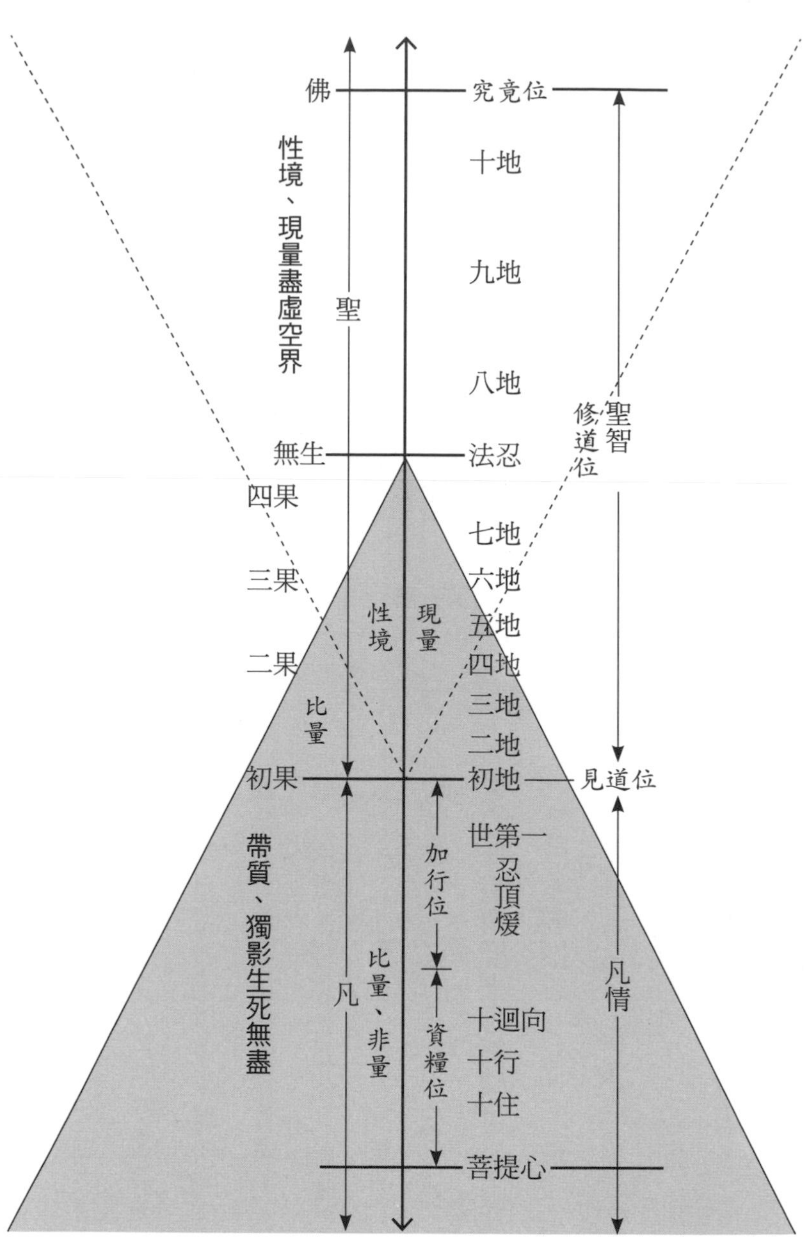
佛
究竟位
性境、現量盡虛空界
聖
十地
九地
八地
修道位
聖智
無生
法忍
四果
七地
三果
六地
性境
現量
五地
二果
四地
比量
三地
二地
初果
初地
見道位
帶質、獨影生死無盡
世第一
加行位
忍
頂
煖
比量、非量
凡
凡情
十迴向
資糧位
十行
十住
菩提心

識	性	境	量
第六識	善、惡、無記性	性境、似帶質境、獨影境	現量、比量、非量
第七識	有覆無記性	真帶質境	非量
第八識	無覆無記性	（根身、器界）	（現量）
前五識	善、惡、無記性	性境	（現量）

（一）三性：善性、惡性、無記性

佛法將我們的心念，分成三種性質，稱為三性，包括：善性、惡性、無記性。善性是清淨、利他的念頭；惡性則是雜染、自私的念頭；無記性則是不善不惡，記是記莂，無法記莂為善、為惡，不會招感善、惡果報。我們平時起善起惡，有時則是沒有善、惡分別。舉例來說，餓了就想吃飯、渴了就想喝水、累了就想睡覺，這樣的念頭不分善、惡性，就是無記性。無記性又細分為有覆無記和無覆無記兩種。覆是遮蓋，為煩惱遮覆心，而遮障聖道。有覆無記是覆障聖道的非善非惡之法，反之則是無覆無記。

善、惡的念頭，是第六識接收前五識攀緣五境的訊息，由第六識決定思善、思惡。前六識依附於根身，緣著六境而起識，第七識則隨時隨地都在根身中運作生命現象，是最道地的宅男或宅女。當我們死亡，就是第七識脫離根身，前六識就無法發生作用，第七識帶著第八識善惡的種子紀錄，經過中陰期，算計著下輩子引於六道的業力，第七、八兩識緊密相連，又攬父精母血投胎轉世去。

第六識是起善、惡、無記三性的最大關鍵，前五識受其影響，亦三性皆有，所以前六識造作善、惡業力因緣，招感善、惡果報。第七、八兩識，從不執著外境，不起善惡，都是無記性，第七識因自私煩惱雜染，障覆聖道，是有覆無記；第八識無善惡心所、如實做種子紀錄，不障覆聖道，是無覆無記。

（二）三境：獨影境、帶質境、性境

唯識學將八識所緣的對境，分為性境、帶質境、獨影境三境。前五識若與第六識做切割，即是性境，但事實上是不可能的。若無連結第六識的分別，則無法有前五識的感受，一旦有第六識的分別，則有前五識的覺受，即非性境。第六識則性境、似帶質境、獨影境三境皆具，第七識為真帶質境。

唯識學不承認有客觀的世界，一切境皆唯識所變現而成的，三境即是第六識所認識的境界：性境是真實的境界，為諸法實相、真理現象；獨影境是單純第六識的所緣，可分為兩種：有質獨影、無質獨影，也可分為四種：修定、散位、夢中、狂亂；帶質境分兩種：以心緣境的似帶質境、以心緣心的真帶質境。

1. 獨影境

三境中的獨影境，為第六識所獨具。獨影境是第六識和前五識不相應俱起，只是單獨而起的狀況，可分為四種狀態：

⑴ 修定

修定中的「正定」，是指進入禪定時，前五識往內收攝，集中於第六識，從有想乃至到無想，或伏住第七識的滅受，這是聖者修的滅受想定，而達於性境現前，同時也是現量現前；「邪定」則不在此範圍內。

⑵ 散位

散位是指自己在專心思考或胡思亂想。

識名	三境			三量	三性
第六識	帶質境	（五俱意識）似帶質境	眼識	比量、非量	善、惡、無記
			耳識	比量、非量	善、惡、無記
			鼻識	比量、非量	善、惡、無記
			舌識	比量、非量	善、惡、無記
			身識	比量、非量	善、惡、無記
	獨影境	無質獨影	1.狂亂	非量	惡、無記
			2.夢中	非量	惡、無記
			3.邪定	非量	惡、無記
			4.散位	非量	惡、無記
		有質獨影	散位	比量	善、無記
			正定	比量	善、無記
	性境			現量	善
第七識	真帶質境			非量	有覆無記

(3) 夢中

夢中則是睡眠時，根身休息，而第六識沒有停止活動，就是有夢的狀況，如第六識也跟著休息，就處於捨受，沒有時間流動的感覺。如同夜晚疲倦至極睡著了，再一睜開眼睛，發現天已經大亮，好像只是一剎那。

(4) 狂亂

狂亂是如發瘋的人，活在第六識的狂亂世界，無法正確感受五境，所以對外的覺知能力，變得遲鈍或錯誤，可能用力打他也不覺得痛。

獨影境有兩種類別，包括：無質獨影和有質獨影。簡單地說，就是沒有價值和有價值的獨影境。

(1) 無質獨影境

有生以來，我們的第六識受到第七識雜染的影響，大部分幾乎都是「無質獨影」。例如悲觀的人盡往壞事想；龜毛兔角之類的妄想：憂愁時鑽牛角尖地胡亂猜測；或是胡思亂想，想到出神入化了，視而不見、聽而不聞、食而不知其味，以上種種皆為無質獨影，毫無價值。

無質獨影會讓諸多惡種子，加速因緣和合，惡因緣和合致使業障、災厄的現前；如果不讓惡因緣緣生，則要用心投下一些善因緣。雖然我們不知道過去世，到底有多少惡因緣，但是至少從現在起，努力增加大量善因緣，改善未來。

(2)有質獨影境

能轉煩惱心為智慧心，就是有質獨影，能往正面發展。例如感到擔憂時，可以轉念為善念、造善因緣；或是以禮佛、念佛、誦經來安定身心；或是觀想西方極樂世界，讓心念變得光明。類似這樣的過程，能讓人暫時放下煩惱，轉化惡心念，善因緣更能容易和合，這些都是有質獨影。所以日常生活裡，應留意這些有質獨影的善因緣。

2.帶質境

帶質是挾帶雜質的意思，凡夫所體驗到的境界，自然是雜染的。帶質境分為第六識「以心緣境」的似帶質境、第七識「以心緣心」的真帶質境。

透過第六識藉前五根的管道，能夠接收到五境的現象，產生「五俱意識」，也是「以心緣境」的「似帶質境」，何謂為「似」？因為大家緣同樣的外境，每個人感受到的是雷同類似的境界，「佛以一音演說法，眾生隨類各得解」，就是「似帶質境」。

第七識向上緣第六識，向下緣第八識，一直都是以識緣識，稱為「以心緣心」的「真帶質境」。第七識對於第八識特別執著，把第八識當作是自己的所有，所以第七、八兩識的連結非常緊密，不管人是活著還是死亡，兩識從來沒有分離過。第七識的「真帶質境」如同有色的眼光，當然無法體會到清淨的諸法實相。

第七識的「真帶質境」隨時隨地都在作用，即使是前六識停止作用，或是死亡，第七識帶著第八識去投胎轉世，仍然恆常地運作，從來沒有停止，因此我們才生死輪迴而不已。

3. 性境

所謂性境，即是法性空慧所到達的境界。也就是透過性空，不斷地放下自性妄執，不斷地向上提昇，以達聖者「般若將入畢竟空，絕諸戲論」的境界，就是涅槃寂靜的諸法實相。凡夫因為迷惑與雜染，只懂得帶質境與獨影境，習慣於顛倒相，所以對於性境感到陌生。

（三）三量：現量、比量、非量

三量的「量」，是認識、測量，即是以心量境，包括：現量、比量、非量。第七識是非量，只有第六識具有現量、比量、非量，所以是修行的下手處。

1.現量

現量，是真理現象的量，是聖者境界的量，此為凡夫所不熟悉之處，因為凡夫無現量現前的經驗，也就是性境從未現前。在聖位之前的第一大阿僧祇劫中，要透過第六識轉成妙觀察智的現前，才能達到性境。透過第六識的有質獨影，在定慧均等中，就達現量。第八識與前五識所謂現量，只是理論上的推論。前五識若無第六識的分別，則前五識無法覺知，所以前五識的現量是無意義的。至於第八識的現量太深沉，也非修行所能到達的，唯有第六識的現量，是靠修行而能到達。

2.比量

比量是推理、比較、對照等認識能力的心理作用。我們現在的帶質境，其實都在做比量的工作。例如聽經聞法時，就是透過第六識做比量，比較凡夫和聖賢者、菩薩道與成佛的落差，這就是作比量。比量是對抗如地心引力般的非量，透過第六識的比量，才能擺脫第七識的非量，而達到聖者的現量。

第六識似帶質境的比量，透過五俱意識，聽經聞法，思惟佛法，改善自我，才能逐漸擺平第七識真帶質境的非量。甚至透過第六識的獨影境，散位的細細分別與思惟，加上正確的修定，以更深細的方式，穩固慧學的體證，而達於現證慧的聖者境界，也就是性境、現量的現前。

3. 非量

非量是不如正理的錯誤推論。在帶質境裡沒有現量，只有比量和非量；尤其是第七識的真帶質境，只有非量。帶「質」境是雜染的，所以是錯誤的。我們之所以會有很多認知的錯誤，就是透過有色的眼光看待一切，看不到純白，如同執著雜染的己見，看不到真理的清淨境界。

當我們進入聖位時，即使無法真正斷除我執，卻可先暫時伏住俱生我執，要讓第七識的雜染伏而不起作用，才使真理現象得以現前。想要進入聖位，關鍵是慧學，但只有在正定中，第六識的獨影境，才有性境、現量現前的可能性。

二、第六識的了境分別

（一）第六識的性、境、量

三性三量通三境

第六識是三性、三量、三境全部都有，最具有修行的可塑性，也是修行最重要的著力點。三性是善性、惡性與不善不惡的無記性，第六識決定善惡念，餓了想吃、睏了想睡，均屬於無記性，不關乎業力因緣。

三境是帶質境、獨影境與性境，第六識藉由似帶質境，進到有質獨影境，在定慧均等、止觀雙運中，而達於性境。因此唯識學的下手處，最大關鍵在第六識。

三量是比量、非量與現量。第六識最有比量的能力，轉迷啟悟而脫離非量，達於現量的現前。

第六識的獨影境，也有非量的可能，例如我們在思考方面，發生錯誤的判斷；

私心重，只想著自己的益處；執著迷惑於相有的差別，而煩惱痛苦，於生死輪迴不已。若透過前六識熏習大量清淨法界等流種，即使途經第七識的雜染，亦能對第七、八兩識的因緣紀錄，產生很大的改善作用。

（二）第六識的界地

三界輪時易可知

第六識非常清楚所處的界地，例如凡夫都是透過第六識，清楚自己活在欲界的五趣雜居地。經過第六識的用功禪修入定，也會很清楚自己是在色界或無色界。第六識是學習智慧的主要泉源，當定力逐漸加深，慧力也隨之而增，最高最理想的是四禪。無色界的定力繼續加深，慧學並無法繼續增長，又無色界逐漸遠離人間。因此佛教著重解脫的定慧均等，所以並不鼓勵一味深定。如果進入無色界的深定，第六識的慧力逐漸降低；進入最高的非想非非想處地時，第六識慧力反而減弱，對解脫並無正向的幫助。

（三）第六識的相應心所

相應心所五十一，善惡臨時別配之

第六識的心所數量，在八識中居冠，總共多達五十一個。由於眾多的心所，在三界表現非常活躍，所以輪迴六道或出離生死的關鍵，都在第六識。

雖然第六識心王與五十一個心所全部相應，但是不會同時相應，而是依臨時情況而定，只與一部分心所相應。例如生善就不起惡；惡起善不生，二者分道揚鑣，不會同時生起。是善、是惡，往往一念之差，第六識的善惡念頭最為明顯，因此在日常生活要時時觀照起心動念，察覺煩惱起時，與何者心所相應，以智慧對治。

（四）第六識的依緣

五遍行：觸、作意、受、想、思。觸與作意是必要條件，而識則由依緣來表達。第六識名為「分別依」，第七識名為「染淨依」，第八識名為「根本依」及

「種子」（請參閱本書第二〇八頁）。

第六識往下依於「染淨依」、「根本依」和「種子」三者合為根，根與境和合生識而「作意」。第六識的「境」，是腦海所顯現出來的法境。

因此第六識的依緣：境、作意、染淨依、根本依、種子五個。

識名	根	境	作意	識：分別依	識：染淨依	識：根本依	識：種子	總量
第六識		✓	✓	第六識	✓	✓	✓	5
第七識			✓		第七識	✓	✓	3
第八識		✓	✓		✓	第八識	✓	4

（五）第六識的體相業用

性界受三恆轉易

性、界、受三者，是指第六識具有三性、三界和三受。第六識具足善、惡、無記「三性」；比量、非量、現量三量；帶質境、獨影境、性境三境。在欲界、色界、無色界「三界」中生死輪迴；在苦、樂、捨「三受」，經常反覆變化無常。「恆轉易」是指第六識在三性、三界和三受，隨時都能轉變，只在一念之別。所以意念的主導，確實是第六識。

根隨信等總相連

「根」：根本煩惱，「隨」：隨煩惱和「信」為首的善心所，都連結在一起。根本煩惱、隨煩惱是惡的，信等是指善十一個心所，因此二十六個惡心所和十一個善心所，皆互相影響連結，為善為惡，完全在第六識思心所的一念之差。

動身發語獨為最，引滿能招業力牽

「動身發語」指第六識思心所的起心動念，具有帶頭作用，造業的力量最強大，能牽動有情眾生的生死輪迴。臨終後的中陰期，計算善惡因緣數量的百分比，善因緣甚多於惡因緣，則由「引業」引入善道，反之，若惡因緣甚多於善因緣，則亦由引業引入惡道。六道每一道的因緣福報程度，稱為「滿業」。滿業，決定在該道的貧富貴賤。例如：人道中的富可敵國，或貧無立錐；畜生道的寵物狗或流浪狗；鬼道中的大力鬼王或喉如針尖的餓鬼等。因此修智慧比修福報更重要，因為修智慧能引導我們持戒，而不墮惡道。但如果只懂得修福報，卻不懂得持戒，就容易墮到惡道。

三、第七識的思量雜染

（一）第七識的性、境、量

帶質有覆通情本

帶質有覆通情本

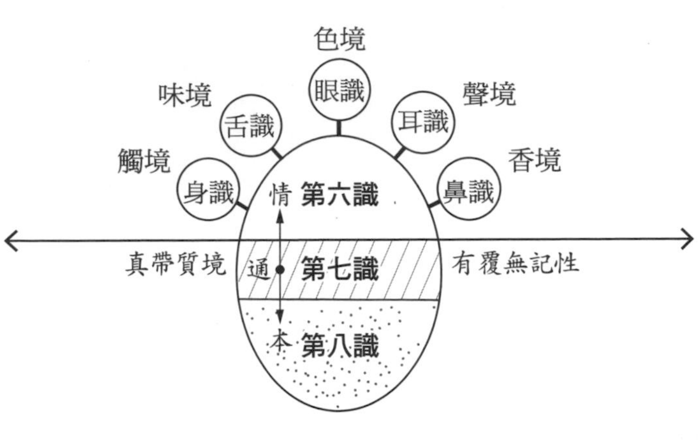

第七識是「以心緣心」的真「帶質」境，向下緣第八識，向上緣第六識。第八識受持一切善、惡種子，是變現一切根身、器界的根本泉源，因此名為「本」。第六識相應的是五十一個心所，最具有一切情緒的起伏能力，因此稱為「情」，所以第七識本身向上通情，向下通本，故稱「通情本」。第七識不緣外境，不起善惡，僅是無記，但是第七識具有雜染的特質，故名為「有覆」，所以是「帶質有覆通情本」。

隨緣執我量為非

只要有第七識的存在，於三大阿僧祇劫中，必然是雜染的、「非量」的。第七識的雜染程度，又影響了第六識的想法與根身的做法，我們會無時不刻的「隨著因緣」，呈現出自私自利的「執我」特質，因此稱為「隨緣執我量為非」。

（二）第七識的界地

第七識因為與第八識從不分離，雖然第七識帶著第八識投胎轉世，但是還是由第八識決定所生的界地，可以通欲界、色界、無色界。

（三）第七識的相應心所

八大遍行別境慧，貪癡我見慢相隨

第七識有十八個相應心所：八個大隨煩惱、五個遍行、一個別境中的慧，以及貪、癡、我見、慢四個根本煩惱。

別境本來應該有五個：欲、勝解、念、定、慧，是因為第七識只緣內不緣外，強烈執取第八識為我，所以第七識五個別境，只有慧，並且是劣慧，因為第七識充滿了雜染，一直都是非量，縱然是慧境，也是自私、錯誤、染汙、自以為是的劣慧。

根本煩惱中的五鈍使是：貪、瞋、癡、慢、疑當中，第七識所執著的世界就是第八阿賴耶識，誤解第八識為自己，因此從來不「瞋」恨第八識，也不會懷「疑」第八識，只會「貪」愛第八識，「癡」戀第八識，並且自以為是，導致我「慢」心很重。

五利使中的「我見」乃是與生俱來，最難對治與放下，需要一大阿僧祇劫的修行。透過文字般若與觀照般若智慧，達到實相般若的現前，才總算放下我見的執著。其餘的邊見、邪見、見取見與戒禁取見的放下，這四見屬於利使，容易透過第六識正見的思惟而放下。所以第七識的根本煩惱是貪、癡、我見、慢四個相隨，所以說是「貪癡我見慢相隨」。

根本煩惱的「我見」是非常強烈的，每天只要眼睛一張開來，想到的都是我、我、我。人人都是以自我為中心，戰勝自我比戰勝千軍萬馬更困難，所以要透過般若智慧的修行，慢慢放下我執。「我慢」不易覺察，即使有時自慚形穢，仍會帶有細微的卑慢；雖然能力不好，又覺得別人也沒什麼了不起……。「我慢」看似不嚴重，往往會折損努力的功德。

大眾所公認的大師，都有調伏我慢的特質，而自然流露隨和謙卑的風格，必定是傾向於無我。例如印順導師著作等身，卻從不自誇。反而有許多自稱大師的人，才寫了一點著作就到處張揚，認為自己的作品很不得了，要人好好拜讀。真正的大師一定不會如此，主要是能降伏慢心，才有機會成為大師。

（四）第七識的依緣

第七識往下依於第八識，第八識即「根本依」、「種子」，故有兩個依緣，再加上必須依根緣境而生識，故稱「作意」的依緣。因此第七識只需要三個依緣就可以和合。（請參閱本書第一九九頁）

（五）第七識的體相業用

恆審思量我相隨

前五識是不恆又不審，第六識是不恆而審，第七識是既恆又審，第八識是恆而不審。所謂「六七因中轉，五八果上圓」，第六、七兩識都有審的特質，前五識與第八識只是呈現果報，所以是不審的。而第七、八兩識記錄著因緣法，恆常而多變化，是能生生世世流轉的關鍵。前六識依著根身而生存，色身離不了緣滅，故而生、老、病、死的輪迴不已，呈現分段生死的現象，因此是不恆的。

識名	恆	審
前五識	不恆	不審
第六識	不恆	審
第七識	恆	審
第八識	恆	不審

第七識的「恆審思量我相隨」，這個「我」就是「俱生我執」，因為俱生我執而造成第七識雜染，也因為有雜染，才具有第七識的雜染作用；如果能轉染成淨，

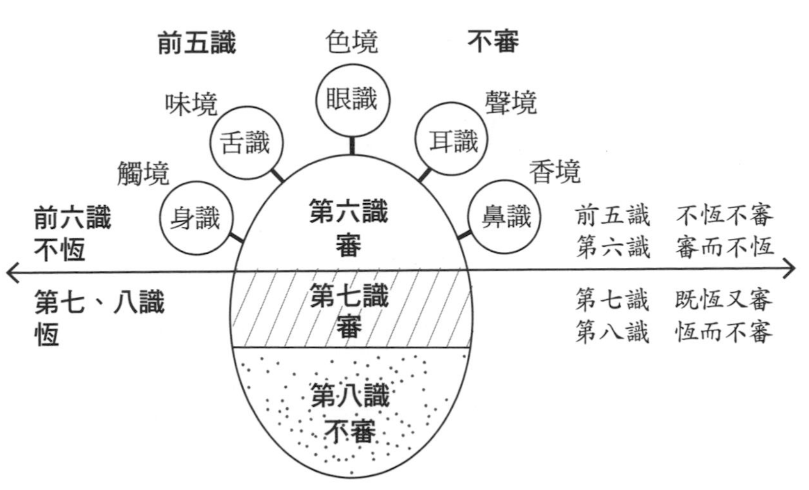

第七識就消失而沒有作用。所餘的「俱生法執」，則是落在第八識的雜染種子，又得再用一大阿僧祇劫更徹底解決，種子才能完全清淨無染，而盡虛空、遍法界，才算圓滿成佛。

有情日夜鎮昏迷

凡夫眾生晝夜六時，不管白天黑夜，第七識具有恆常的特質，一直都在作用，即使是睡著了，無夢或休克的捨受狀態，第七識的雜染，依然分分秒秒，剎那剎那的存在。例如在寒冬的夜晚，已經睡著的兩個人，只要一人感覺寒冷，立刻會把棉被捲過來取暖，也一定不會將暖暖的被子拋給對方。因為自我保護的能

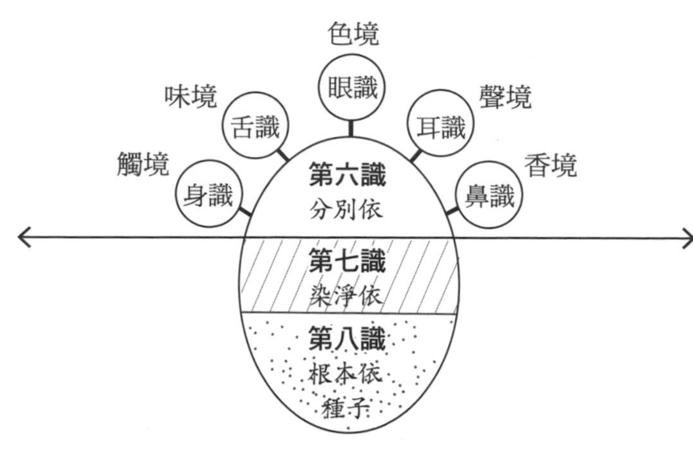

力很強烈，來自第七識自私自利的自我雜染，只直覺地保護自己。因而稱為「有情日夜鎮昏迷」。

四惑八大相應起

第七識「貪癡我見慢相隨」的四個根本煩惱，都是與生俱來，含著我執的習性，不必透過學習，稱為「四惑」。大隨煩惱遍染到前七識，第七識俱生我執的雜染，產生了八個大隨煩惱：惛沉、掉舉、不信、懈怠、放逸、失念、散亂、不正知。四個根本煩惱，加上八個大隨煩惱心所，正是「四惑八大」，於此煩惱相應而起。

六轉呼為染淨依

前五識依於第六識，前六識依於第七識，前六識經常迷惑在生活上的相有，第六識先要轉迷啟悟，第七識才能轉染成淨，第七識名為染淨依，所以稱為「六轉呼為染淨依」。

這句頌文的意思，也就是說，若能透過聽聞佛法的智慧觀察，超越迷惑的相有，而深觀因緣法的空性，理解因緣法充滿平等性，開始打造慧眼，直到第六識轉為妙觀察智，第七識轉為平等性智。

四、第八識的異熟種現

（一）第八識的性、境、量與相應心所

性唯無覆五遍行

第八識因為沒有與五境接觸的管道，就也沒有其他心所情緒，所以只是無記

性。第八識的相應心所，只有最微細的「五遍行」，沒有任何善、惡念頭或情緒的心所，唯有捨受，是「無覆無記性」，覆是一種覆蓋、雜染，因此感受不到第八識的存在。第六識的「五遍行」是最敏銳的，前五識次之，第七識更次之，第八識最為微細。但是第八識確實是存在的，所以具有五遍行，以表示第八識是具有生命的存在，所以稱為「性唯無覆五遍行」。

（二）第八識的界地

界地隨他業力生

我們會投生到三界九地中的哪一界、哪一地？由第八識的「引業」，決定六道的善道或惡道投生，端看第八識的因緣業力種子，成熟於某界某地，所以「界地隨他業力生」，「他」即是第八識。

（三）第八識與聲聞之諍

二乘不了因迷執，由此能與論主諍

第八識如此隱密難覺，聲聞乘、獨覺乘都不承認有第八識，所以造成了各部派，為此爭論不休。此處的論主，包括了為此撰寫論書的大小乘論師，例如世親菩薩撰寫《唯識二十頌》，即是破斥唯識與小乘論師間的論諍觀點。

以解脫為主的聲聞乘與緣覺乘，認為只要和真理相應相契，從六根、六識下手，就可以解決生死問題，由於這樣的偏執，所以無法了解唯識學以第八識為生命主體的觀念，如果為聲聞解說第八識的內涵，反而會引起紛爭。然而大乘菩薩道，就是依於第八識，建立生生世世的菩薩行，達到最究竟圓滿的成佛之道。

（四）第八識的體相業用

浩浩三藏不可窮，淵深七浪境為風

「浩浩三藏不可窮」是形容第八識深廣無邊沒有盡頭，「淵深七浪境為風」則是形容前七識受境界興風影響而作浪。原本第八識平靜如大海，都是前七識讓人不斷地起心動念，隨生死業風，漂浮於生死大海波濤，茫茫不知所行、不知所終。

「浩浩三藏」表示第八識是最難理解的，第八識又稱為藏識，包括三藏：能藏、所藏、執藏。

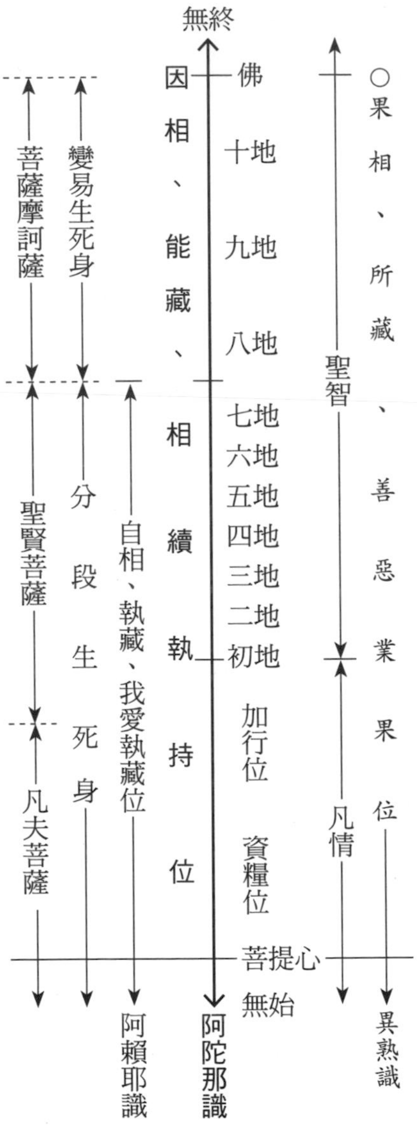

○果相、所藏、善惡業果位
異熟識
聖智
凡情
無終
佛
十地
九地
八地
七地
六地
五地
四地
三地
二地
初地
加行位
資糧位
菩提心
無始
阿陀那識
因相、能藏、相續執持位
自相、執藏、我愛執藏位
阿賴耶識
變易生死身
分段生死身
菩薩摩訶薩
聖賢菩薩
凡夫菩薩

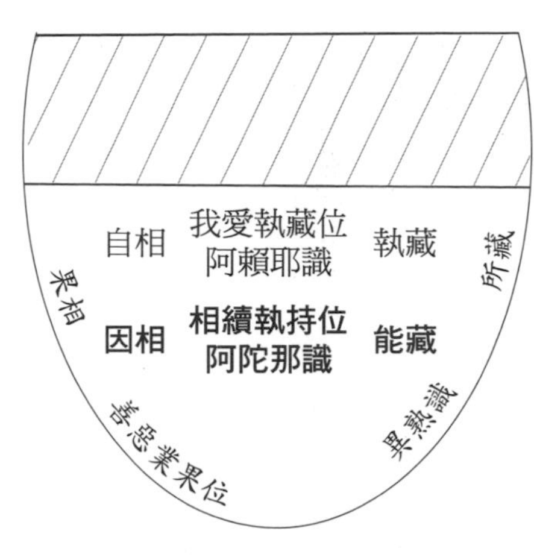

假如捨除前六識不看，第七和第八識的關係，很像舊式鍋蓋和飯鍋，第八識是飯鍋，第七識是厚重的鍋蓋，飯鍋內盛滿飯粒（能藏），都必須經過第七識鍋蓋的雜染（執藏），所以白米也被染汙，染汙後沉入鍋底，燒焦形成了底部的鍋巴（所藏）。

第八識本身比較複雜，第八識被第七識的「我愛」所「執藏」；第八識裡有很多的種子是「能藏」，這些種子經過第七識的雜染進來，所以種子本身也有雜染，這些種子成為第八識的「所藏」，屬於異熟識。

能藏、所藏、執藏，三藏各有時間長短：

1. 我愛「執藏」來說，從無始劫到八地前的二大阿僧祇劫滿，這個部分稱為「阿賴耶識」，所以稱自相、被執義、我愛執藏位。

2.「所藏」是從無始劫以來，一直到成佛之前，稱「異熟識」，異熟識專管生死，佛陀脫離了異熟識，所以能徹底不生不滅，這是果相、受熏義、善惡業果位。

3.「能藏」，從無始劫以來雜染的種子，一直到完全清淨無染的種子成佛，乃至成佛後，到無盡的未來，佛陀以三身度化眾生，從來沒有停息，稱為「阿陀那識」或「一切種識」，是無始無終，這是因相、持種義、相續執持位。

三藏時間長短	識名	三義	三相	三位
執藏（無始至八地前）	阿賴耶識	被執義	自相	我愛執藏位
所藏（無始至成佛前）	異熟識	受熏義	果相	善惡業果位
能藏（無始至無終）	一切種識	持種義	因相	相續執持位

受熏持種根身器

第八識沒有任何分別、思量的能力，只管生死異熟，從來不管外在現象，整個業報體：根身器界，都是由第八識的種子，成熟變現出來的。第八識的上面，一直受第七識的「我愛」執藏，所以第八識「受熏」於第七識的雜染。

第八識依緣於第七識的「染淨依」，變現出「境」（根身、器界），持執「種子」並「作意」四種。依根緣境而起識，即是「作意」，作意遍八識，作意屬於五遍行。根、境、識三者和合相觸，所依的根，即是第七識的「染淨依」，第八識依第七識為根，緣的「境」指由種子變現出去的根身、器界，「種子」則是第八識所執持的，亦稱為「持種」。

去後來先作主公

第八識是生命的主人翁，在此生最後離去，如插頭脫落，電器斷電；來生最先到，如電源插頭，連結在父精母血上，從此展開生命的成長現象。如此生生死死，死死生生，反覆輪迴。第七、八兩識，在無生法忍前的二大阿僧祇劫，一直密不可分。

五、前五識的自性分別

（一）前五識的性、境、量

性境現量通三性

前五識若與第六識完全切割而獨立，所緣的外境就是「性境」，相對的就是「現量」。前五識若是不能結合第六識的分別，我們就無法分別五境，失去前五識的作用，所以這是矛盾的，只是理論性的存在。又前五識因為依緣於第六識做分別，受第六識善、惡、無記三性的影響，因此前五識通三性。所以說「性境現量通三性」。

（二）前五識的界地

眼耳身三二地居

前五識本身在欲界初地（五趣雜居地），五識皆具足，但是到二地（離欲喜樂地），即初禪時，鼻、舌兩識失去作用，只剩眼、耳、身三識有作用；到了三地（定生喜樂地），即二禪以上的色界天、無色界天，前五識均不起作用。

五根中，舌、鼻二根最脆弱，最容易受損。人在往生前，舌根最先失去作用。平時覺得香噴噴的美食，在生病時，因味覺、嗅覺能力變差，提不起食欲，失去胃口。因此，當我們八識具足的時候，一定要好好珍惜色身，畢竟有色身才能修行。

然而根身是果報體，無法造作業力，仍然需要第六識下工夫，例如有耳根聽經聞法，經由前五識接受訊息，但是最重要的還是第六識的思考，才能把佛法，納入思想體系，乃至長遠的影響生命體系！

（三）前五識的相應心所

遍行別境善十一，中二大八貪瞋癡

前五識有三十四個相應心所，包含：五遍行、五個別境、十一個善心所、兩個中隨煩惱、八個大隨煩惱，以及三個根本煩惱貪、瞋、癡。五遍行是作意、觸、受、想、思，這是遍八識的；五別境是欲、勝解、念、定、慧，與第六識息息相關，第六識也有五別境的修行學習，主要是依緣於前五識的管道。

前五識的十一個善心所，與第六識是一樣的；煩惱方面，小隨煩惱，因為範圍小，僅限於第六識，所以前五識沒有小隨煩惱。中隨煩惱，範圍比較大，擴及前六識連同根身，所以前五識具有中隨煩惱：無慚、無愧，經云：「人若是無慚、無愧，等同禽獸。」大隨煩惱，範圍擴及到前七識都有，所以前五識具有大隨煩惱。

前五識只會對現起的現象作自性分別，單純往外緣色、聲、香、味、觸境，而沒有分別我執、法執的思考能力，所以前五識與慢、疑、惡見的煩惱心所及四個不定心所不相應，因此前五識只有貪、瞋、癡三個根本煩惱。所以前五識的相應心所共三十四個：「遍行別境善十一，中二大八貪瞋癡。」

心所法	前五識	第六識	第七識	第八識
五遍行	5	5	5	5
五別境	5	5	慧1	0
善十一	11	11	0	0
根本煩惱	貪、瞋、癡3	6	貪、癡、我見、慢4	0
小隨煩惱	0	10	0	0
中隨煩惱	2	2	0	0
大隨煩惱	8	8	8	0
不定	0	4	0	0
小計	34	51	18	5

（四）前五識的依緣

五識同依淨色根

「根、境、識」三者和合相觸，開啟對世界的認識。「根」是根身的生理作用，「境」為萬物外境的物理作用，「識」為心理作用，是造作業力的根本。「根」是生理作用，是根身與外境溝通的重要管道，分為扶塵根（器官）與淨色根（神經系統）二種，重要的是淨色根。我們如果只有器官，卻沒有神經系統，也無法產生心理作用，例如只有眼球，沒有視覺神經，眼識還不能發生作用；冰天雪地中，失去外耳，因為聽覺神經還在，依然可聽到聲音，耳識繼續發生作用。鼻識、舌識、身識亦復如是。

分布於器官（扶塵根）上的淨色根（神經系統），肉眼是看不見的；過去「佛觀一杯水，八萬四千蟲」，現在透過科學儀器很容易理解，說的是細菌，但是當時一般人無法理解，佛說淨色根也是如此。佛法在兩千多年前就如是說，真不可思議。原來佛陀早以「佛眼」觀世間，科學愈是進步，愈能驗證，佛法所說無誤。「五識同依淨色根」，關鍵在於淨色根，而非扶塵根。

九緣八七好相鄰

本句頌文常用「九緣七八好相鄰」，但就頌文內容來說，應用「九緣八七好相鄰」較為合理。因為眼、耳、鼻、舌、身五識要產生功能，眼識要九緣，耳識要八緣，鼻、舌、身識要七緣。眼、耳、鼻、舌、身識，基本上至少要有七個因緣和合：根、境、作意、分別依、染淨依、根本依和種子。首先要「根」與「境」二和合生識，也就是「作意」，作意是一種警覺、注意。接著「根、境、識」三者和合生觸，所以再加上「識」，此處的「識」，指眼識依於第六識「分別依」、第七識「染淨依」、第八識「根本依」，根本依含藏諸多「種子」。

眼識除了七個因緣，還需要有距離與光明兩個因緣。距離是表示眼識需要的「空間」，如果其他因緣都具足了，卻蒙住眼球，遮擋視覺神經，眼識也無法產生作用。眼識還需要有光線，也就是「光明」，如果關在黑暗不透光的密室裡，縱然具足其他因緣，獨缺了光明，眼識還是無法作用。因此，眼識要九個因緣都具足，才能發揮作用。

耳識不需要光線，在黑暗中一樣可以聆聽聲音，如同在夜深人靜的黑暗中，聆聽音樂必然另有一番風味，但是聲音與聽覺神經必須有距離，透過音聲共振，聲音傳到耳根生起耳識，是有距離的，所以需要八個因緣；鼻識、舌識和身識都需要接觸才能作用，不能有距離，所以不需要距離和光線，只要七個因緣。由於前五識有的需要九緣，有的需要八緣或七緣，所以說「九緣八七好相鄰」。

（五）前五識的體相業用

合三離二觀塵世

「合三」表示鼻識、舌識和身識三者，此三識的根與外境之間不能有距離，故稱為「合」。例如鼻識與香境接觸，香味必須飄到鼻根的嗅覺神經，直接觸碰。

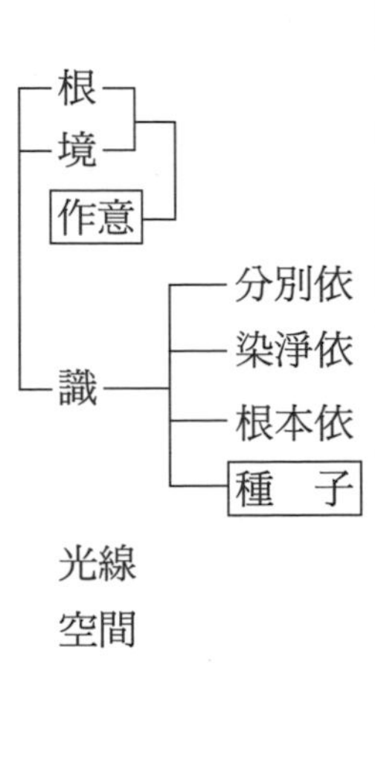

數	眼識	耳識	鼻識	舌識	身識
1	✓	✓	✓	✓	✓
2	✓	✓	✓	✓	✓
3	✓	✓	✓	✓	✓
4	✓	✓	✓	✓	✓
5	✓	✓	✓	✓	✓
6	✓	✓	✓	✓	✓
7	✓	✓	✓	✓	✓
8	✓				
9	✓	✓			
	9	8	7	7	7
九緣八七好相鄰					
離二			合三		

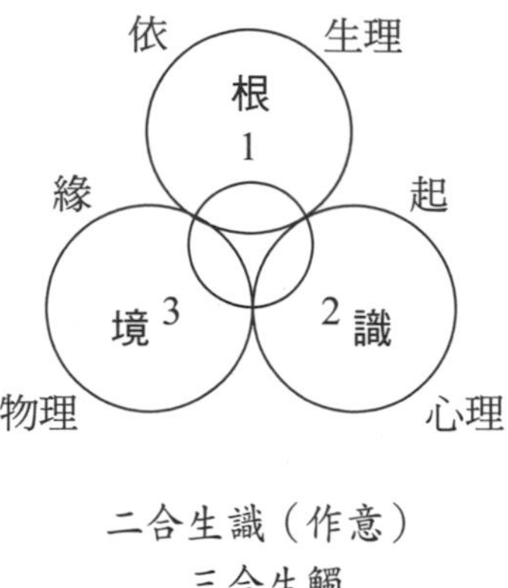

二合生識（作意）
三合生觸

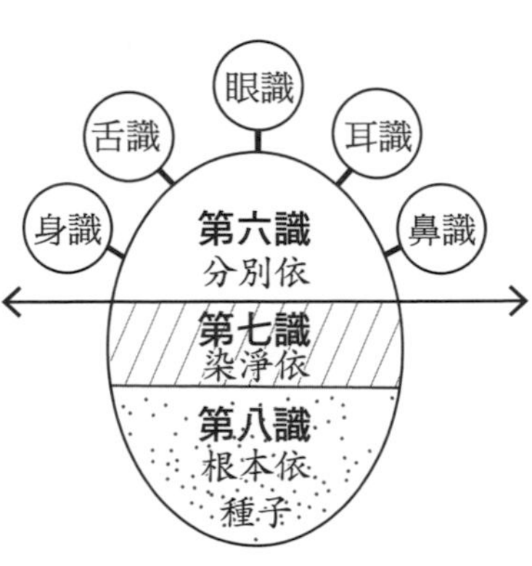

舌根的味覺神經與味境也是要直接接觸，平常炒菜，嘗試味道，必須把食物送至舌根。身根觸覺神經與觸境，不需要空間距離，必須直接接觸，才能夠生起身識。鼻識、舌識和身識三者，其根與外境直接接觸而生識，稱為「合三」。

眼根與色境必須有距離，才能生出眼識。耳根與聲境也是需要有距離，讓聲波與空氣共振，傳到耳根產生耳識。以上二者因需要距離，所以稱為「離二」。

如此一來，前五識透過合三離二的方式，才能用眼、耳、鼻、舌、身的淨色根，觀察色、聲、香、味、觸的外境，而生起眼識、耳識、鼻識、舌識、身識。此即為「合三離二觀塵世」。

愚者難分識與根

原始佛教大都以解脫為主，談的是六根和六識的關係，並未深入論及八識，只能在《阿含經》找到蛛絲馬跡，如《阿含經》曾提到「欣阿賴耶、樂阿賴耶、憙阿賴耶」，也沒有談到八識。虛妄唯識系，是後期大乘佛法才出現。因此，識和根很容易混為一談。

愚者，指眼光短淺，只求生死解脫的二乘行者，未能分出根與識的差別作用，所以說「愚者難分識與根」，但是透過大乘唯識系的方法，則可以明確區分。

以上是關於凡情的敘述階段。

六、唯識學的修行過程

（一）第六識轉迷啟悟

唯識學的修行，最重要的就是要從第六識下手，因為第六識的內容最為豐富，通三性、三境、三量、三受、三界、五十一個心所等，因此可塑性最高。第六識五遍行的能力，強過於其他諸識，尤其是思心所，掌握決定思善思惡的關鍵。第六識五別境，欲、勝解、念、定、慧的能力特強，專門提供修行者，向上修智慧，從有漏慧轉到無漏慧的關鍵。八識轉識成智過程中，第六識是主要的帶動者，也唯有第六識能轉迷啟悟。

第六識透過眼、耳、鼻、舌、身的淨色根，接觸外來的色、聲、香、味、觸境，肉眼所見，以為是不平等的現象，也就是相有差別的現象。其實這些現象都是因緣和合與離散的過程，因緣是平等的，需要透過第六識的智慧，悟得聖者境界──「諸法實相」，是平等之相；這是第六識「轉迷啟悟」的最大功能。

凡夫藉著修行，努力耕耘善因緣：善心善念，廣結善緣，造作善業的基礎，再進一步「深觀因緣法的平等性」，打造慧眼，不斷地放下自性妄執，逐漸逐漸地向上提昇，終有機會達於「超凡入聖」聖者的境界，擺平了第六識的分別我執與分別法執，這是第六識「轉迷啟悟」的修行功課。

（二）第七識轉染成淨

第一大阿僧祇劫修行完成的主角是第六識，主要就是藉助第六識的「轉迷啟悟」，向上提昇修行果位的高度。第七識也由雜染，而逐漸轉向清淨，第八與前五諸識亦隨之而轉。

進入第二大阿僧祇劫修行，第七識成為主角，透過「轉染成淨」的過程，達到徹底的清淨無染，不再投胎轉世，解除分段生死身，達於無生。

第三大阿僧祇劫，只存第八識的雜染種子，但菩薩為眾生而法忍，菩薩摩訶薩以「變易生死身」，也就是「意生身」，能夠分身無數，自在無礙，隨處祈求隨處現、盡虛空界救度苦難的眾生。圓滿二大阿僧祇劫的菩薩，自然能夠蒙佛授記，將

轉依

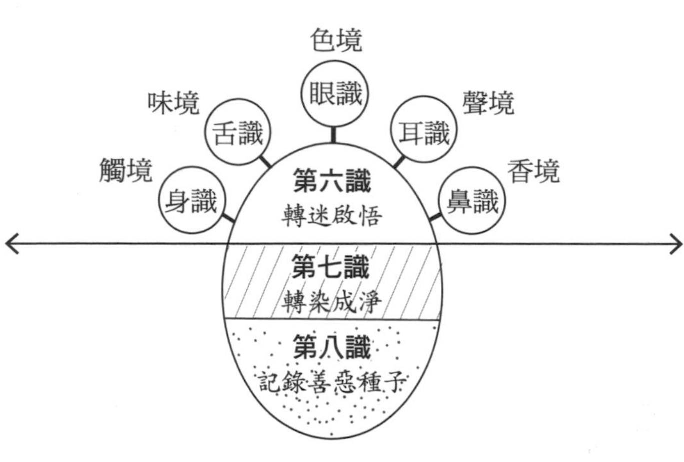

來必定成佛，當菩薩摩訶薩變現、出清所有的雜染種子，即圓滿成佛。

第七識的雜染程度，是修行果位的指標，愈雜染就會愈往下墮落；愈轉為清淨就會愈向上提昇。修行的果位，如同爬山，爬得愈高，看得愈遠，所見的現象愈平等。如同聖者證得的真理現象，真理現象就是平等平等之相。因此我們第七識的染淨，決定了修行的程度，也決定了人生的高度。

（三）第八識記錄善惡種子

第六識於五遍行心所：作意、觸、受、想、思是一連串的作用。由淨色根與外境和合生識，名為「作意」，再結合識，三者和合名為「觸」，觸是認識這個世界的開始，立即有可意「受」、不可意

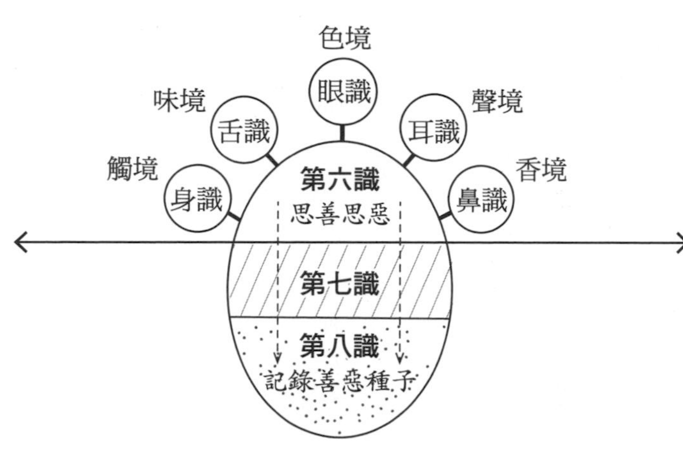

「受」產生，於是接著「想」，妄想紛飛，易於產生煩惱，引發思惡。然而若能多以佛法想想，明白人生的真理法則，就有機會更正錯誤想法，思善的機會就增多。

思是造作業力的關鍵。在思之前的想，若有佛法引導，就容易思善。第六識思善、思惡的念頭，雖然稍縱即逝，無影無蹤，但是每個善惡念頭——因，再經過雜染的第七識的執著——緣，會緣生出將來的果報體。「因」由第八識做記錄，當善因善緣成熟時，呈現福報；惡因惡緣成熟時，就呈現業障，乃至臨終後，均是第七、八兩識記錄善惡因緣的總結算，而決定下一輩子的去處。所謂修行的功課，就是第六識思心所的善因緣，多過於惡因緣。

（四）善用前五識

我們要善用前五識，提供諸多訊息給第六識思惟與判斷，否則就沒有繼續學習的因緣。但是第六識經常被前五識提供的現象所左右，遂使第六識迷惑於現象上，由於在現象的計較與執著，生起諸多煩惱，造成輪迴不已。面對所有一切現象，若是「眼見為憑，耳聽為信……」，就信以為真，這樣是危險的。因為前五識遠不及第六識的思考能力，無法如同第六識能「深觀因緣的平等性」。

我們要善用前五識，不要被前五識用去。就像人賺錢，但不被錢所賺。就像養家活口，必須賺錢，若是為了賺錢不擇手段，比方賺取黑心錢，造下惡業而不自知；或者為了賺錢失去健康，顧不得家庭等，就是被錢賺去。

我們要善用前五識，第六識才有正向的學習與吸收，如增長知識、聽經聞法、增長智慧。如果放任五根，追逐五欲，前五識帶給第六識惶惶不安、心靈空虛、增長愚癡……，豈不就被前五識給翻轉了？

前六識是「知識論」，知識的學習，認為一切現象都能被證明才算數，這樣的範圍反而受限。第七識是主管「人生觀」，雜染的程度決定我們的眼界、心胸與肚量，也決定了人生的高度、廣度與深度。第八識則是「宇宙論」，執持種子，變現出正報的根身與依報的器界。

「六七因中轉，五八果上圓。」此生我們必須在第六識的轉迷啟悟下工夫，自然影響第七識的轉染成淨，就是「六七因中轉」。第七識轉染成淨，第八識的種子才能轉為清淨，前五識所依的根身自然清淨，乃是「五八果上圓」。

追本溯源，修行的關鍵，依然在於第六識的轉迷啟悟。

〈第五講〉

超凡入聖的轉識成智

介紹《八識規矩頌》凡情雜染部分的頌文後，接著來探討聖智部分的頌文，理解凡情的煩惱心識如何轉為聖智的圓滿智慧。學習唯識學的目的，是為了轉凡夫識成聖者智，轉唯識所現的雜染法成清淨法。轉染成淨的轉依過程，轉煩惱為菩提，轉生死為涅槃，圓滿無漏佛智，即是實踐唯識學的方法，也即是成佛之道。

八識心王轉識成智的內容分為三個部分：第六意識轉為妙觀察智，第七末那識轉為平等性智，第八阿賴耶識轉為大圓鏡智，最後前五識轉為成所作智。

《八識規矩頌》介紹聖智的頌文，將前五識、第六識、第七識、第八識的觀行，皆清楚說明各識修行情況，斷惑轉智的關鍵，以及各識的果用。讓我們建立起修行信心，能依此轉染成淨，圓滿修行，成就佛道，不再遙不可及。

轉識成智的過程，並非由前五識到第六、七、八識的順序，一個個慢慢地轉，也不會某一識單獨轉，其他識卻停止不動，而是從入聖位起，八識都同時轉，只是作用力大小有所不同。「下品轉」是在斷三結入聖位時，除了第六識轉成妙觀察智外，第七識轉為平等性智，第八識轉為大圓鏡智，前五識也同時轉為成所作智，八識全部屬於下品轉。下品轉時，第六識作用比較大，其他七識作用比較小。

而到證無生法忍「中品轉」時，也是八識一起轉，但是作用力最大的是第七識，這時是第七識轉平等性智的關鍵；「上品轉」成佛時，八識也是一起轉，最明顯的是第八識的種子成就前五識的根身果報體，如果第八識種子雜染，根身果報體也必然雜染。第八識種子清淨，根身也必然清淨，根身一旦清淨，就完全脫離生死，也就化為盡虛空界的清淨法身。

因轉果圓	識名	轉	斷惑
因中轉	第六識	轉分別我執、法執	資糧位：伏我法二執。見道位：斷分別我法二執種子。修道位：伏斷俱生我執現行種子。
	第七識	轉俱生我執	極喜地初心：俱生我法二執初伏。不動地：斷俱生我執。金剛道：斷俱生法執。
果上圓	第八識	轉俱生法執	八地：俱生我執斷，捨執藏。金剛道：俱生法執斷盡，不感生死，異熟果空。
	前五識	轉雜染根身	第八識轉大圓鏡智，根成無漏故，識亦無漏，而轉為成所作智。

	轉依階位	三品轉	四智	功能
不動地：斷俱生我執，純無漏。 等覺位：斷俱生法執。	初地菩薩	下品轉：凡夫到初地。 中品轉：初地到七地圓滿。 上品轉：八地到成佛。	妙觀察智	妙觀察度眾生
	八地菩薩	上品轉：八地到妙覺菩薩。	平等性智	無緣大慈，同體大悲，平等度化。
	成佛	十地圓滿，金剛無間道時，果上圓。	大圓鏡智	永度眾生
	成佛	第八識上品轉大圓鏡智時，果上圓。	成所作智	成就利益眾生

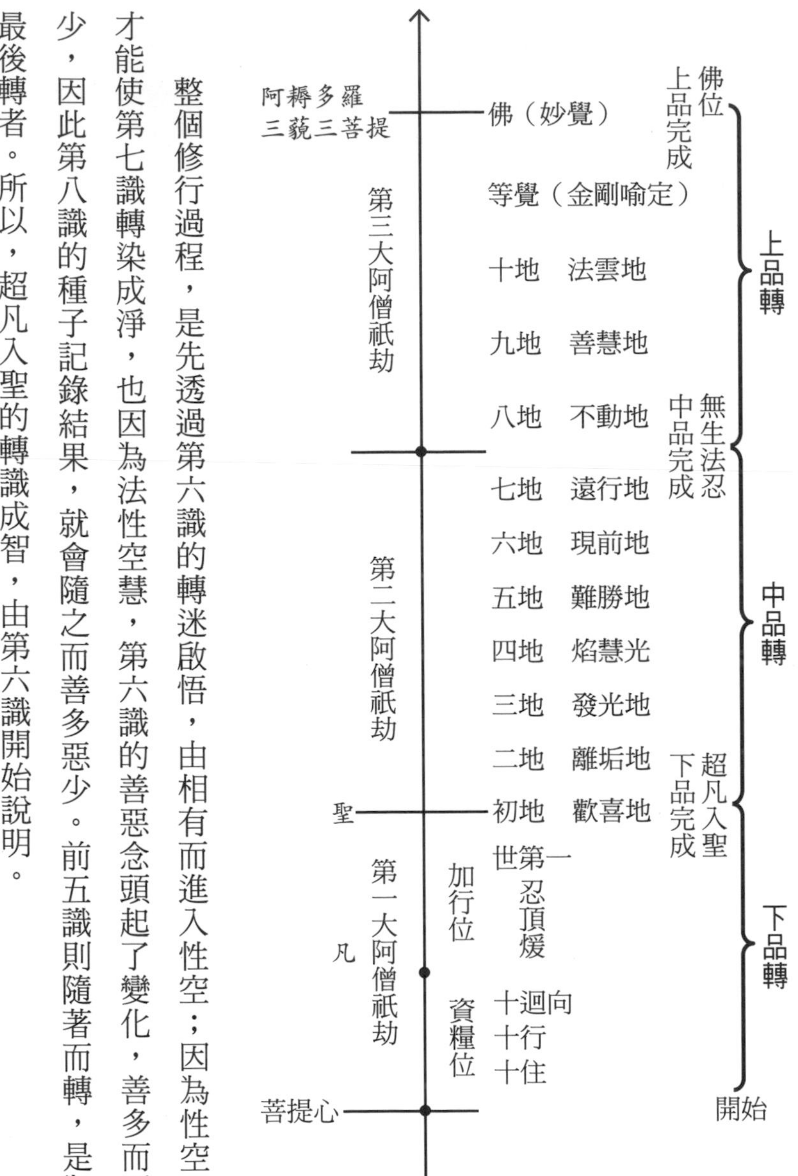

整個修行過程，是先透過第六識的轉迷啟悟，由相有而進入性空；因為性空，才能使第七識轉染成淨，也因為法性空慧，第六識的善惡念頭起了變化，善多而惡少，因此第八識的種子記錄結果，就會隨之而善多惡少。前五識則隨著而轉，是為最後轉者。所以，超凡入聖的轉識成智，由第六識開始說明。

八識轉識成智

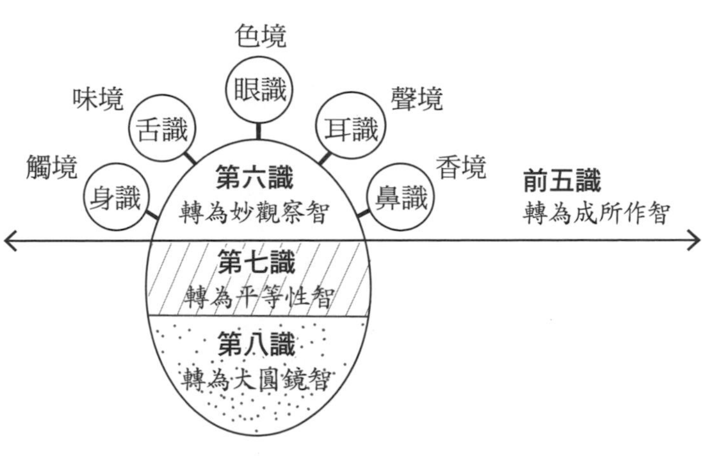

八識轉識成智的最大關鍵是第六識，也就是思惟的意識。因為不明白真理而感到痛苦煩惱，但也藉著學習真理而多起善念，開發智慧，而進入修行的領域。第六識轉妙觀察智，就是明白所見的現象，不過是因緣生滅過程中的無常相；因緣本身是性空的，也就是因緣沒有單一、不變、實有主宰的特殊性，稱之為平等性。

要深觀因緣法的平等性，般若顯示的「緣起性空」，是宇宙人生的真理法則，能透視真理，就看得懂人生，依據真理而修行。所以透過三大阿僧祇劫的修行，由下品轉到中品轉，到上品轉的完成而成佛，最重要而基本的就是凡夫發菩提心，下品轉妙觀察智，這是修行的起步與關鍵，超凡入聖並非不可能。

一、第六識的聖智：妙觀察智

（一）第六識的觀行

關於十地比較關鍵的部分，初地是歡喜地，七地是遠行地，八地是不動地，十地之後，還有等覺和妙覺，等覺又稱金剛喻定，妙覺即是成佛。

發起初心歡喜地

證入聖位必須達到斷三結，三結之中，我見最難斷，需要一大阿僧祇劫的修行。第六識要斷我見，才能轉妙觀察智。第六識的特質是眼前的分別我執與法執，就是放下眼前現象的執著，主要以法性空慧觀照。所以修行最早解決的是斷我見，我執愈重，觀察的能力就愈差。

第六識最大的特性是分別現象，稱為「分別依」；第七識雜染能力很強，要能轉染成淨的關鍵為第七識，故稱為「染淨依」，而且第七識染淨是俱生性的；第八識含藏種子，變現出一切根身、器界，也就是正報與依報的根本來源，故稱「根本依」並含藏種子。在未到達聖位時，我們受到我執、法執的束縛，我執有分別我執和俱生我執；而法執也一樣，有分別法執和俱生法執。在聖位時，可以解決分別我執、分別法執，讓第六識的分別，因為放下了分別我執與法執，而轉化成為下品的妙觀察智。

善用第六識，才能打造慧眼，超越肉眼所見日常生活中的表相，透視因緣法的平等性，化解世間法，在相上的執著與對立，達於不落二邊的平等相現前。例如日常生活：有生有滅，有增有減，有垢有淨等等相對的現象，讓我們情執於相有，一般來說多是：喜歡生，不喜歡滅；喜歡增，不喜歡減；喜歡清淨，不喜歡汙垢，造成情緒的高低起伏。

深觀因緣法的平等性，打破二邊對立的界限，則因緣平等平等融然一體。生，不要太高興，終歸會滅；滅，也不要太難過，終歸死亡就是往生，生與滅的因緣是平等平等的。

如果不理解現象背後的因緣法，就會起執著與錯解，藉由般若緣起性空的深觀，脫離對相有的依賴與執著，減少煩惱，乃至證得涅槃，達於聖者的境界。涅槃寂靜，為何寂靜？就如同潛入大海深處寂然無聲，平等平等而寂靜的。登初地的聖者，超越了凡夫的繫縛與分別我執、法執，證入涅槃寂靜的境界，那是無法言說，言語道斷，超越凡夫的歡喜境界。因此說「發起初心歡喜地」。

俱生猶自現纏眠

第六識證入聖位轉下品妙觀察智時，第七識也會同時轉下品平等性智，此時第七識仍具有俱生我執雜染的纏眠，纏眠是雜染繫縛的習氣，依然存在，尚未轉染成淨。只是暫時被第六識以聖者的滅盡定伏住，暫時不起雜染作用，所以說「俱生猶自現纏眠」。

纏眠是第七識俱生性的我執雜染習氣，還未斷盡時，這種俱生性的我執雜染習氣仍在，影響第六識的判斷。第七識一直要到第二大阿僧祇劫滿，也就是第七遠行地圓滿，才算完全地轉染成淨。

（二）第六識的斷惑轉智

遠行地後純無漏

「遠行地後純無漏」，是指第七識的雜染消失，而稱「純無漏」，純無漏是指菩薩第七識雜染消失了，達於「無生法忍」。第一大阿僧祇劫圓滿的見道位，只是真理現象的一種驗證、一個關卡，此時還有俱生的習性存在，所以尚未圓滿，故仍有漏。縱然我們可以暫時撥雲見日，可是烏雲般的俱生習性，很快又會遮蔽日光。所以在聖位到無生法忍的這一段第二大阿僧祇劫當中，要設法降低雲層厚度，從烏雲轉變為白雲。外在天空的雲，障礙我們見到太陽的能力；第七識的雜染，如同雲一般，障礙我們體證真理現象的現前。

所以我們的登初地，猶如撥雲見日，見到一道曙光撒射下來，這是登初地的驗證，因為斷了我見，解決了分別我執法執。以後只要我們作意，也能撥雲見日，除了需要不斷地作意撥雲見日外，也要努力把烏雲轉成白雲，也就是雲層也會愈來愈薄，此處的雲層就是我們的俱生我執的習氣，直到轉成「遠行地後純無漏」。再往上去就是第八不動地，猶如白雲破洞了，不費吹灰之力，隨時都可見到太陽光；第三大阿僧祇劫圓滿時至佛果位，第六識轉為上品妙觀察智了。

（三）第六識的果用

觀察圓明照大千

菩薩摩訶薩可以出離三界，隨處祈求隨處現，是因為菩薩摩訶薩已經無漏，在無生法忍後，第七識的雜染已經不再有作用。至於有漏轉於無漏的關鍵，在於第七識的我愛執藏著第八識，第七識雜染的我愛消失了，就不再執藏第八識，不僅我愛，我癡、我見與我慢都同時消失，所以第六識才能轉為中品無漏的妙觀察智。第三大阿僧祇劫一直要到佛果圓滿，第六識轉為上品「妙觀察智」，才能「觀察圓明照大千」。成佛時稱為「圓明」，也就是整個八識全都達到至高圓滿，在前五識的頌文有「圓明初發成無漏」，就是說前五識的無漏，要到成佛時完全的光明圓滿，盡虛空界的「圓明」。

二、第七識的聖智：平等性智

（一）第七識的觀行

極喜初心平等性

初地是聖者的見道位，也就是第六識轉為下品妙觀察智完成，同時帶動第七識也轉為下品平等性智。第六識是一種歡喜，歡喜的是見道，體證到真理的平等相現前，終於超越了凡夫的繫縛，到達聖者的涅槃境界。

第七識則是一種「極喜」，極喜於與生俱來的自私自利的雜染心，終於暫時不起作用，首次「初心」體會到清淨平等性的現前，俱生我執終於暫時被伏住，呈現

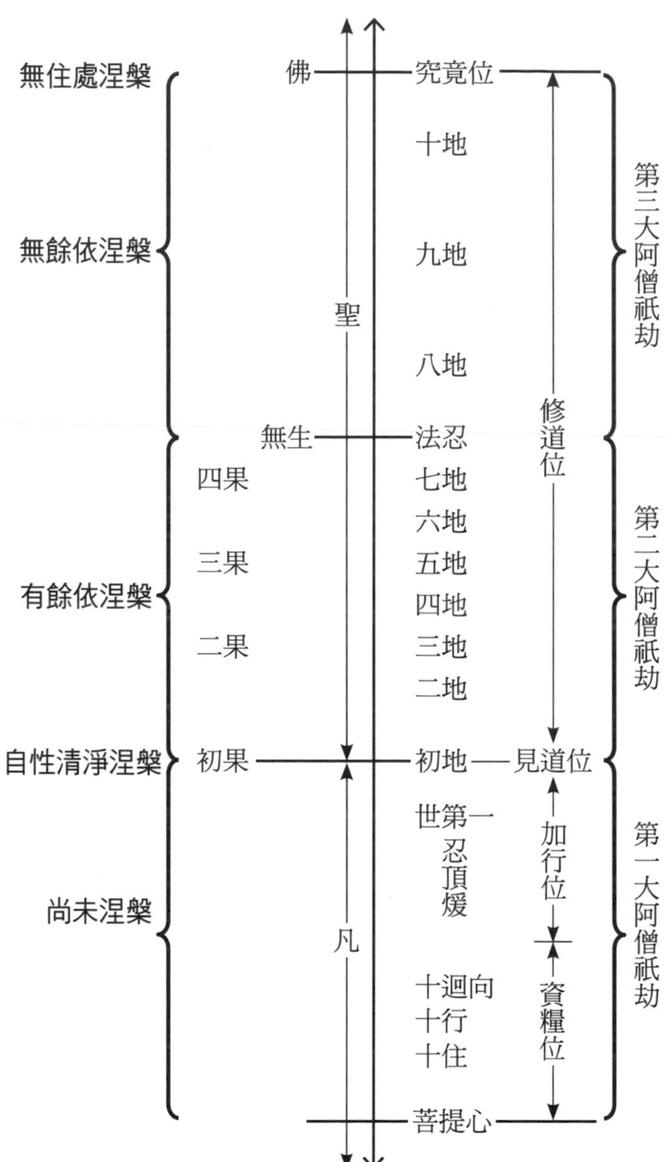
無住處涅槃
無餘依涅槃
有餘依涅槃
自性清淨涅槃
尚未涅槃
四果
三果
二果
初果
佛
無生
聖
凡
究竟位
十地
九地
八地
法忍
七地
六地
五地
四地
三地
二地
初地
見道位
世第一
忍
頂
煖
十迴向
十行
十住
菩提心
修道位
加行位
資糧位
第三大阿僧祇劫
第二大阿僧祇劫
第一大阿僧祇劫

出寂靜、平等的特質。雖然八個識都是全部一起轉，但是初地的轉識成智的最大關鍵與動力是第六識，第七識則是深細地被第六識，以滅盡定的定慧均等力量伏住，跟隨著而呈現下品轉的平等性智，所以稱為「極喜初心平等性」。

（二）第七識的斷惑轉智

無功用行我恆摧

第八不動地，稱為無功用地，也就是無生法忍，主要是因為俱生我執的摧毀，不需再刻意造作。第八地前都是有功用地，是為了對治俱生我執，需要刻意精進用功，而到第八地時，修行可以無功用地，可以不費吹灰之力，所以名為不動地或無功用地。在不動地時，真理現象不再被雲朵遮住，因為雲層變薄，甚至呈現破洞，陽光毫不費力地現前，不用刻意撥雲見日，陽光就能自然灑落，所以是無功用地。第八地無生法忍時，已經完全摧毀了第七識的俱生我執，沒有雜染了，所以第八地稱為「無功用地」，俱生我執已經徹底摧毀的緣故。

從初地到七地圓滿，是第二大阿僧祇劫的修行功課，就是第七識的轉染成淨。我們因為自私自利的雜染，而對於事事感到憤憤不平，主要就是來自第七識的俱生我執。第七識轉宿世以來的雜染習氣成為清淨，於是第七識的雜染功能徹底消失，俱生我執被摧毀，而完成「平等性智」的現前，因此才進入第三大阿僧祇劫開始的第八地。

（三）第七識的果用

如來現起他受用，十地菩薩所被機

本偈說明如來所現起的他受用身。成佛時如來盡虛空、遍法界的「清淨法身」，是自受用身，唯有佛佛道同，只有成佛者才能夠自受用到。這時如來同時現起的「圓滿報身」是他受用身，能夠讓登地以上到十地菩薩所受用的，第七識轉為平等性智是攝他受用身，因此稱為「如來現起他受用，十地菩薩所被機」。

登地以上悲智雙運的菩薩，能夠和圓滿報身的佛陀相應相契。有人曾問：「阿羅漢能不能看到佛陀的圓滿報身？」雖然阿羅漢有小智慧可以了脫生死，但是因為悲心不足，所以無法看到佛陀的圓滿報身；如果要和佛陀的福慧一樣具足圓滿報身，就必須要悲智雙運。

我們在未登地前，悲智還無法雙運，不是偏悲，就是偏智，所以無法感受佛陀的圓滿報身。佛陀的圓滿報身，是專門度化初地以上的菩薩，所以說「十地菩薩所被機」。這十地菩薩其實就是在努力地解決俱生我執和法執，初地到七地是解決俱生我執，八地到十地是解決俱生法執，十地之後才能夠究竟圓滿成佛。

三、第八識的聖智：大圓鏡智

（一）第八識的觀行

不動地前纔捨藏

無始劫以來，第八識有執藏、所藏、能藏三藏的功能。達於聖智八地不動地前，第八識捨除我愛執藏之名，所謂我愛執藏，也就是第七識自私自利的我愛雜染，一直愛執第八阿賴耶識。因為第七識染著第八識之義，因此稱第八識為「阿賴耶識」。

三藏	三義	三相	三位	識名
我愛執藏（無始至八地前）	被執義	自相	我愛執藏位	阿賴耶識
所藏（無始至成佛前）	受熏義	果相	善惡業果位	異熟識
能藏（無始至無終）	持種義	因相	相續執持位	一切種識

不動地前，二大阿僧祇劫滿後的無生法忍，除了捨除我愛執藏，也捨了阿賴耶識之名。因此，無生法忍後的第八識，就不名為「阿賴耶識」，而稱為「異熟識」或「一切種識」。在無生法忍前，三個名稱都可以使用；但是在無生法忍後，它只有異熟識和一切種識兩個名稱。在不動地前，也就是無生法忍時，三藏中捨「執

藏」；無生法忍後還未達成佛，又捨「所藏」；所以到了圓滿佛果之後，只剩「能藏」。因此「不動地前纔捨藏」，捨的是我愛執藏。

（二）第八識的斷惑轉智

金剛道後異熟空

第八識本身的上方，正是被第七識的我愛「執藏」，下方的底部，是受我愛執藏熏染的結果，又是種子的「所藏」之處，也表達善、惡的業果位，這是第八阿賴耶識的果相，又稱「異熟識」。異熟識專管生死異熟，只不過具有我愛執藏的生死異熟是分段生死身，我愛執藏消失後的生死異熟，則轉為變易生死的異熟，不過在成佛前，也就是金剛喻定（金剛道，又稱等覺）後，成佛時完全捨掉異熟識。成佛後，佛陀本身不再具有任何生死異熟，所以稱「金剛道後異熟空」。

（三）第八識的果用

大圓無垢同時發，普照十方塵剎中

第八識的內部執持種子是「能藏」，也是「持種」義，這是第八阿賴耶識的因相，具有相續執持位，無始無終地執持種子，達到成佛時，第八識上品轉為「大圓鏡智」，自此種子完全清淨無染，因此而能超越一切，清淨的種子能盡虛空、遍法界，無量無邊。第八識又稱為「阿陀那識」，義為種子識。種子完全清淨無染，所變現的根身自然隨之而清淨無染，所以前五識亦轉為「成所作智」，完全清淨無垢。第八識及前五識的上品轉識成智，成就佛陀的清淨法身，清淨法身即是「溪聲盡是廣長舌，山色無非清淨身」，所以稱為「大圓無垢同時發，普照十方塵剎中」。

我們的心海總是波濤洶湧，無法像佛心風平浪靜如大圓明鏡，一塵不染，無法全然顯映，總是曲解別人的意思；佛陀不會曲解眾生，因為佛陀的心就是寂靜的大圓鏡智，像鏡子全然反射、毫不掩飾、接納眾生。凡夫一天到晚忙著掩飾自己，佛陀不會如此，是完全的大圓鏡智。當我們的前五識完全清淨無染時，就能像佛陀一樣，想要用報身就用報身，想要用化身就化身，完全自在無礙。

因此，佛陀可以「大圓無垢同時發」，除了轉大圓鏡智，並同時發無垢識。無垢識即是如來地的阿陀那識，它是第八識的相分，因阿賴耶識於佛位清淨無垢，為無漏法所依止，因而得名。無垢識亦名菴摩羅識、阿末羅識。阿陀那識並非到成佛時就此結束，執持的清淨種子，充滿寂靜的生命力。

阿姜查尊者的著作《靜止的流水》，描述涅槃寂靜，如同靜止的流水，在生生不已的生命之流裡，佛陀是徹底寂靜的大海，不因涅槃而成為不動的冰河，也不因度眾而波動為瀑布。佛陀無邊無際，同圓種智，廣納一切。當我們被世間現象擾亂時，應該想想阿羅漢般靜止的流水，想想佛陀寂靜的大海，也讓我們小小的心湖，能夠擴大成海，學習放下煩惱執著，而不斷地向上、向善修行吧！

四、前五識的聖智：成所作智

（一）前五識的觀行

變相觀空唯後得

前五識的修學過程是在變相觀空，轉識需要修觀空相。透過性空的觀念，將相有的差別，轉變為相無差別的平等。如同有生就有死，我們看到生的相，就應知道它必定趨向於滅；看到滅的相，也該明白將來還會再緣生。生是性空的，滅也是性空的，兩者都有可能平等，也就是透過性空而得相空，透過性空來「變相觀空」，從相有的不平等變到法性空慧的平等。

前五識的變相觀空，無法立即看得見，過程中是第六識在第一大阿僧祇劫滿，最早體證到的，接下來是第七識於第二大阿僧祇劫圓滿時，雜染消失了。所以前五識是在第三大阿僧祇劫圓滿時，第八識轉為上品大圓鏡智後，「唯後得」智圓滿時，前五識跟著轉為上品成所作智。

果中猶自不詮真

修行過程中的空相現前，都非前五識所能接觸，必須透過第六識感受。一直到圓滿成佛，所見、所聞才究竟清淨平等，成佛的種子是清淨的，所以果報自然也是清淨的。為何我們眼識所見的都是不平等的相呢？那是因為我們第八識的種子不清淨，所以眼識的果報也不清淨，而無法看到平等相。因此，頌文說「變相觀空唯後得」，是透過第六識從相有觀性空的「變相觀空」。整個修行的過程中，都是一個階段越過一個階段的果德，完全無法透過前五識，明白驗證及見聞覺知到真理的現象。因此說「果中猶自不詮真」。

（二）前五識的斷惑轉智

圓明初發成無漏

第八識轉為上品大圓鏡智時，「大圓無垢同時發，普照十方塵刹中」。前五識轉為上品無垢的成所作智，所以能夠普照十方塵刹中。而前五識轉為上品成所作智，於第八識轉為上品大圓鏡智後，初次達於清淨無染，前五識完全沒有任何有漏的煩惱雜染，因此說「圓明初發成無漏」。

（三）前五識的果用

三類分身息苦輪

前五識達於圓滿成佛的無漏清淨，主要是要以變化身來度化凡夫眾生。佛陀成佛以後，佛陀的「清淨法身」，佛佛道同，只能自受用。而以「圓滿報身」的他受用身，來度化、攝受十地菩薩。第七識轉的是平等性智，平等性智攝他受用身，所以第七識聖智的最後一句偈是「十地菩薩所被機」，也就是佛陀以圓滿報身的平等性智，來攝化十地菩薩。然而釋迦牟尼佛如何度化我們這些凡夫眾生呢？就是用與我們共業的方式，才能與我們共住，能與我們共住才能教導我們，我們具有父母生身，佛陀也以父母生身而來，也就是以「變化身」的方式來度化我們。因此佛陀以三身度化眾生，清淨法身、圓滿報身、變化身。而「變化身」具有三類分身：大化身、小化身和隨類化身。

所謂「小化身」，就是大乘佛教興起後的佛造像，因為距離佛陀的時代愈來愈遙遠，不得不為眾生施設佛像，讓廣大的眾生及佛弟子們，有個信仰、膜拜的對象，不論多大多小，都稱為小化身。但是世間所有一切現象，畢竟還是緣生緣滅，有限有量，所以再巨大的佛像，也僅能稱為小化身。

所謂「大化身」，就如同大乘佛法〈讚佛偈〉中，讚頌阿彌陀佛「白毫宛轉五須彌，紺目澄清四大海」。我們依文觀想，阿彌陀佛兩眉之間的一小撮白毫，就等於有五個須彌山那麼大，阿彌陀佛的紺目就是眼睛，僅僅是眼睛，眼睛非常澄清，就好比四大海，可以藉此想像阿彌陀佛的根身有多麼大。我們無法眼見，只能以第六識想像，阿彌陀佛非常非常大，所以稱為「大化身」。

出國搭飛機，因為無常感特別重，我總是非常專心念佛，其實即使是日常生活，也是脫離不了無常的，也應該好好念佛。當飛機遇到亂流時，起伏幅度很大，心臟都快跳出來了，這時我會專心觀想佛陀的大化身，而這架飛機就好像放在佛陀的手掌中，一路飛過去一般，就覺得安心許多。

所謂「隨類化身」，就是我們現在所熟悉的釋迦牟尼佛，這是變化身佛，以悉達多王子的身分出生在印度，具有父母生身。二十九歲出家，六年苦行，三十五歲於菩提樹下禪坐，夜睹明星而成道，沿著恆河兩岸說法，八十歲入滅。一生留下許多聖蹟與佛傳故事，歷史上亦有所記載。

雖然人間的佛陀，外相好像和凡夫眾生一樣，但是細究他的色身莊嚴，具有三十二相和八十種好，和我們是不一樣的。因為佛陀早已經圓滿無量無邊的福德智慧資糧，所以當他入滅火化後，留下舍利。所以說見到佛陀舍利，就如同看到佛陀的色身一般，因此對佛指舍利或佛牙舍利，都會有無比的崇敬心，宛如佛陀在世。但是佛陀也說，其實他的色身不是最重要的，最重要的是他一生說法，所留傳下來的法。

佛陀在世時，曾到忉利天為母親說法三個月，弟子們都非常想念佛陀，一聽到佛陀要回到人間的消息，大家都希望自己能第一個去迎接佛陀。印度四姓階級又重男輕女，蓮華色比丘尼知道自己不可能最先見到佛陀，就施展神通力變成小國王，果然搶先見到佛陀而歡喜地說：「我是最早看到您回來的人！」結果佛陀卻說：「不是的，須菩提比你更早見到我。須菩提在精舍裡觀察諸法緣起，見空性者，即見如來，所以能夠見到我的法身，而你只是先見到我這個色身。」

我們無緣見到佛的色身，但是可以如同須菩提尊者，觀法性空慧，與佛的法身相應。但是我們如果執著於不公平的事相，心裡經常忿忿不平，哪有可能觀空？哪有可能感受得到佛陀法身的涅槃寂靜呢？只有在觀法性空的平等性中，才能夠理解涅槃寂靜。因此，要先能安頓自己的心，才可能寂靜。想要安頓這樣不平的心，就必須要觀照性空，體會相空，達於諸法實相的平等之相。

我們也因佛陀的「隨類化身」，釋迦牟尼佛的教導，核心即為宇宙人生的真理法則，就是法性空慧，是盡虛空界的，深入性空，可以通達一切；修行不只是明白真理法則，還要修證讓真理的現象能夠現前。真理現象的現前，就是以慧眼看到平等相，而非肉眼所能見到，要以眼識轉為上品成所作智，才能見到清淨無漏的真理現象，那已經是得達到成佛的圓滿境界，才能見到。

當我們如果能以「性空智慧」，從「相有」進入「性空」，學習「變相觀空」，即使離成佛之道尚遠，至少能試著調伏自己的痛苦煩惱，縱然身在三界火宅，也能寂靜而自在。佛陀就是以「變化身」中的三類分身，來停息我們凡夫的苦輪。

五、三大阿僧祇劫的修行

（一）凡夫與聖賢菩薩的分段生死

以整個八識的轉識成智來說的話，第六識最早轉，在第一大阿僧祇劫圓滿，就達於超凡入聖，超凡入聖最大的關鍵，就是必須能斷三結。第六識斷三結，不是突然間就一刀兩斷，需要累積一大阿僧祇劫資糧位和加行位的修行，才能超凡入聖斷三結。

當第六識斷三結後，第七識的染著也會一起變淺，但仍無法完全清淨，直到第二大阿僧祇劫滿，達於無生法忍，第七識的俱生我執消失，轉染成淨，雜染不再產生作用，才能化解投胎轉世的再生。當第七識消失不起作用，僅剩第八識眾多的雜染種子，這些雜染種子是以前熏染進來的。這個時候，已經到達第二大阿僧祇劫圓滿。由於此時已經沒有第七識的我愛「執藏」，名為阿賴耶識的「自相」，即使再熏進的新種子，也不會再有第七識的染著，但是要一大阿僧祇劫，繼續出清過去曾經雜染的種子，讓雜染的種子變現，出清存貨，才能完全清淨而圓滿成佛。

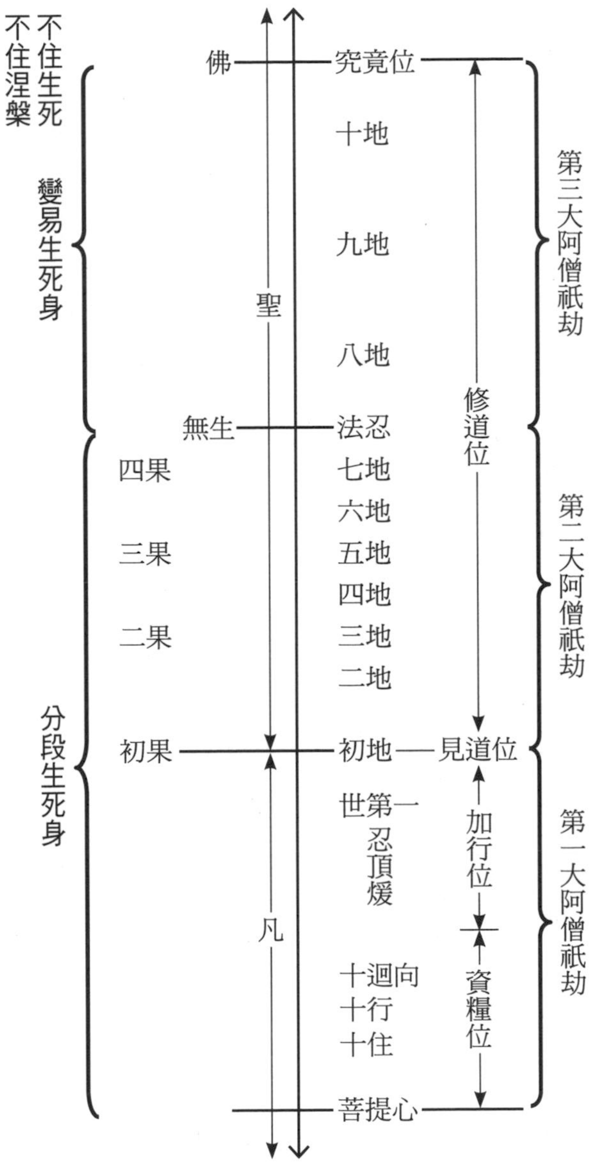

第三大阿僧祇劫
第二大阿僧祇劫
第一大阿僧祇劫

修道位
見道位
加行位
資糧位

究竟位
十地
九地
八地
法忍
七地
六地
五地
四地
三地
二地
初地
世第一
忍
頂
煖
十迴向
十行
十住
菩提心

佛
無生
四果
三果
二果
初果

聖
凡

不住生死
不住涅槃
變易生死身
分段生死身

（二）菩薩乘願再來

當人往生，就是第七、八兩識脫離，整個根身不再具有生命的泉源，就會死亡，無法久留，必得處理色身，如土葬，或者火葬、植葬。第七、八識經過約四十九天的中陰期，結算出因緣業力的成績單，「一個伶俐一個呆」，伶俐的第七識將帶著呆的第八識去投胎轉世。所以第七識只要仍有雜染著，就一定會是分段生死身。達於無生法忍（八地）之後，第七識消失了，轉為變易生死身。

初地聖位之前，凡夫的分段生死身，我們已習慣為常，也很能夠理解，因為大家都是如此。我們都是懷胎十個月，出生下來的，如無意外死亡，會經過童年、中年、老年的一生歲月，然後死亡；死亡後又再投胎出生，不斷地踏上一段又一段的生死旅程。其實從聖位（初地）到無生法忍（八地）也是一樣，因為第七識的雜染尚未解決、消失，所以會繼續不斷地分段生死。

菩薩，因為不忍眾生苦，不忍聖教衰，正如印順導師的發願：「我的身體老了，而我的心卻永遠不離（佛教）少壯初期大乘時代佛法的喜悅！願生生世世在這苦難的人間，為人間的正覺之音而獻身。」

這就是菩薩悲智雙運的乘願再來！

（三）無生法忍，變易生死

只要異熟識仍在，就會一直地生生死死，但是八地之後的生死，和未到八地前染著的生死不一樣，這時候的生死，即是「變易生死」。從七地的無生法忍之後，都是變易生死。這個變易的生死，只有到成佛時，結束了異熟識，才能夠完全不再生死。換句話說，異熟識在成佛的時候，作用消失。所謂「異熟識」，是受熏的「果相」，異熟識在第八識是被第七識的我愛執藏所熏染。如果第七識的染著消失，雜染就熏不到第八識，當沒有雜染時，所剩下來的都是清淨的種子。

成佛的時候，就表示第八識所有染著的種子，全部出清了，此時剩下的種子都是清淨的，所以在成佛的剎那，第八識既然不再受熏，也就沒有異熟識，異熟識消失，也就不再生死了。

（四）不住生死，不住涅槃

在修行成佛的過程中，透過第六識的「性空」，放下自性妄執，向上提昇，也自然會擴大心量；行菩薩道，心量就是這樣一直擴大、一直擴大……。透過性空，化解互相對立的現象，也就能達到中道不二，從不生不滅、不增不減、不垢不淨，，擴大到成佛的「不住生死，不住涅槃」，就盡虛空界了。因為大智，所以不住生死，因為大悲，所以不住涅槃。成佛，並非圓滿了一個究竟的大涅槃，而是透過般若道的緣起性空，乃至中道不二，經過方便道的修道位，究竟成佛。原來能藏雜染的種子識，經過三大阿僧祇劫的修行，徹底清淨無染，盡虛空界而成佛。

成佛後，還是不斷地以三身來度化眾生。

（五）佛以三身度化眾生

成佛之後，前五識完全清淨了，這時，可以相應於佛陀的願力，而變現出清淨法身，或圓滿報身，或千百億化身，來度化眾生。成佛的清淨法身，佛佛道同，只能佛陀自受用。清淨法身盡虛空界，不需要根身，就不需要前五識了，即所謂「溪聲盡是廣長舌，山色無非清淨身」，超越時間的限制，也超越空間的束縛。

（六）般若船登彼岸

我們未達到初地聖位前，要先解決三結中最難斷的「我見」，如何解決我見呢？必須要先了解「無我」，知道我是性空的，所以是無我。透過多聞熏習，了解緣起性空的觀念，放下對自我的執著，這就是般若道。

我的學習心得是：凡夫位上，不妨以般若道取代四善根：煖、頂、忍、世第一，比較輕鬆自在些，也直接能夠福慧雙修，解行並重。

《心經》說：「觀自在菩薩，行深般若波羅蜜多時，照見五蘊皆空，度一切苦厄。」我們的第一個階段，就是要透過般若道，以緣起性空來照見五蘊皆空，這樣才能夠度得了一切苦厄，而行深般若波羅蜜多時，才能觀自在。我們有時候，不妨將《心經》經文句義反過來解讀，就會知道自己的問題所在。

我們現在之所以是「不自在的菩薩」，是因為行很淺的般若波羅蜜，所照見的是「五蘊皆『有』」，所以「擁有」一切苦厄。如果我們能夠行淺的般若波羅蜜也還好，怕的是根本不知道要用般若波羅蜜，所以我們至少得認識般若波羅蜜，先作淺的觀照，循序漸進，才能進入更深的觀照。

從有生死的此岸，到無生死的彼岸，需要「般若船」，就像弘法，是將佛陀所說的思想觀念，和真理法則分享給人們，需要透過語言文字來傳達。這種傳達不僅讓大家有機會聽聞佛法，也讓自己能不斷地熏習與思惟。但是般若船終究還是一個工具，登岸前，要先放下船，才上得了岸。也就是說，我們修行時需要使用助道工具，最後還要能放下工具；如果想要見到真理，也是必須放下文字語言後，才能夠見得到。因為見到真理的時候是「言語道斷，絕諸戲論」，真理是無法言說的，如果又以為見道無法言說，就捨去使用言語文字的學習階段，那是大大的錯誤。

熟悉「無我真理」的法則後，更要在生活裡實踐。例如外出郊遊，看到山河大地，看到花開花謝，看到春天滿山翠綠、秋天滿山枯黃等景象，也都能想到無常因緣的變化，就是與法相應。如此一來，我們看到生活上的人我是非時，也比較能夠放下，知道只要自己做的是如法的事，即使被毀謗，依然堅持到底；若是自己不如法，即使受到稱讚，亦無價值。要隨時觀照自己的所作所為，和法是否相應，這才是關鍵。

修學佛法，唯有透過因緣觀，才能夠對治我們的愚癡。也就是說，所謂緣起法，都是在啟發我們的智慧，我們愈能放下，才愈有智慧。換句話說，學習智慧，必須透過放下才學得到。凡夫眾生，處在同樣的水平，看待世間，沒有超越的視野，所以容易斤斤計較於芝麻綠豆小事。例如會在意別人穿名牌衣服、開名牌跑車……，互相較勁生活現況，都是在雞毛蒜皮的現象上，比來比去，並沒有太大的意義，重要的是我們必須放得下，才能爬得高，當我們爬到高樓層，再往下看，所能夠看到的景象範圍隨之廣大，所見世界愈平等，不再目光短淺。

我有一次搭飛機時，當飛機剛離開地面時，還可以看得到地面，但是漸漸愈飛愈高，飛到雲端後，所看到的都是雲。在還未進入雲端前，我很驚訝地發現，山河大地竟是一片寧靜，從而體會到佛陀所說的，佛菩薩們就是處在高高的境界往下看，看我們在低低的地面上；他們愈是從高處往下看，所見到的現象，就愈是平等，範圍也愈大。他們所見到的，不是空空如也之相，而是從不平等而達於平等的相；但是我們同樣都站在平地上，因為執著外相，所以看起來的世界現象，都不平等。

「佛陀等視眾生如羅睺羅」，佛陀所看到的有情眾生，都如同看待他的兒子羅睺羅，一模一樣，沒有任何差別。佛陀能夠這樣慈眼視眾生，因為佛陀站的高度，足以用非常明淨的心來看眾生，自然就覺得眾生是完全的平等。

修學成佛的過程，正是在幫助我們提昇意境的視野，雖然我們的色身一直在不斷地生死輪迴，那只是累世色身肉體的改變。今生色身是前五意識所現出來的業報體，是從第八識種子所變現出來的果報，所以很難改變。而八識裡，最容易變化的是第六識，一個人在宇宙間，是多麼地渺小，雖然這麼渺小，我們卻還是可能「心包太虛，量周沙界」。這個心包太虛，量周沙界，其實就是學習佛菩薩，不斷地擴充心量、提高視野，讓所看的範圍更加寬廣。當視野的範圍變得寬廣的時候，就等於我們的意境，正在往上提昇。

我們如何才能往上提昇呢？就是放下執著。所謂執著，很像地心引力，總是將我們牽制在地面層上，一旦能放下執著，意境就會不斷地提昇。舉例來說，將禪宗六祖惠能禪師，和神秀禪師的偈子做比較，六祖惠能大師做的偈比較高明，那是因為他用的是般若，用的是性空，用的是否定句。

神秀禪師說：「身是菩提樹，心如明鏡臺；時時勤拂拭，勿使惹塵埃。」這是從法相來談；而惠能禪師說：「菩提本無樹，明鏡亦非臺；本來無一物，何處惹塵埃？」這是用否定式的性空來談。性空本身的意境是提昇的，透過性空，可以潛入海底，體會深海的寧靜；透過性空，也可以讓我們的思想，有機會升級，透過性空，讓我們的意境，能夠不斷地提昇，直到成佛後究竟圓滿。

李白的詩作〈早發白帝城〉：「朝辭白帝彩雲間，千里江陵一日還；兩岸猿聲啼不住，輕舟已過萬重山。」我們雖然視野有限、煩惱沉重，無論世間萬象，如何風起雲湧，眾聲再喧嘩，都不會迷失修行的方向了。透過《八識規矩頌》的詳盡介紹成佛的修行道路，知道了如何轉識成智、超凡入聖，而能有「兩岸猿聲啼不住，輕舟已過萬重山」的回鄉快感。

六、煩惱即菩提，生死即涅槃

（一）緣起性空，中道不二

我們凡夫的心境，如同在海面上高低起伏很嚴重，但是透過「性空」，就有機會平靜下來，不落相對立的二邊。聖者的真理現象，就是涅槃境界。這不是容易的一件事情。凡夫心靈的大海，是波濤洶湧，晝夜不捨；佛陀的心靈的大海則是平平靜靜，如同大圓鏡一般，沒有一絲的起伏，表面是全反射的，眾生所想的，佛陀全部知道，為何知道？就因為透過性空，而知道所有的一切。如《金剛經》說：無量無數的世界裡面，有無量無數的眾生，每個眾生有無量無數的心念，每個心念，佛陀悉知悉見。

我們能夠理解性空，就能夠讓我們起伏的心逐漸調整，在痛苦裡，找到平衡點。這個平衡點，在於徹見性空的緣故，生死即涅槃，煩惱即菩提。在煩惱的當下，也是可以發菩提心，發菩提心後，是否仍有煩惱？這是必然的。但是菩薩願意在生死流裡，不斷地流轉，為什麼？就是為眾生。

為解脫的聲聞，側重在現象上來看待，就是著相，就會想要跳出生死苦海，進入涅槃、解脫的境界。厭離生死，而欣入涅槃，是有出、有入的相對現象。

菩薩為什麼能夠修行圓滿到成佛？菩薩憑藉的就是「性空」，就是悲心重，不忍脫離眾生，要「留惑潤生」，要留下自我的愛惑，才能和眾生一同感應生死。如果斷惑，就無生，無生就離開了眾生，離開眾生，就不名為菩薩。所以菩薩必須要留點惑，感應生死，從生死當中，才有機會度化眾生。所以說，菩薩「不入深定，不斷細惑」，就是這個道理。

三十多年前，當我初次看到「留惑潤生」四字時，感動了好幾個月，這唯有菩薩才能夠做到。如果只是聲聞、緣覺，他們是為自己而修行，會迫不急待「厭離生死，欣入涅槃」。

（二）般若與唯識學的對應

凡夫從無始劫以來，執著「單一、不變、實有主宰」的自性存在，這種自性，其實是我們第七識雜染的習性，影響第六識而妄執出來的，所以中觀般若系，專以「性空」來破除自性妄執。因為有自性妄執，所以在感情的世界，我們認為「海可枯，石可爛，此情不可變」。在科學家的立場，不斷尋求宇宙間最小、最基本的元素，究竟是什麼？但是隨著科學的進步，我們可見的最小、最基本的元素，不斷不斷地發現還有更小的，也就是沒有最小的端點。我們凡夫看不懂千變萬化，瞬息萬變的世界，就乾脆歸於主宰世界，唯一萬能的神，也都是自性妄執的產物。佛陀教導我們，必須破除自性妄執，理解因緣法的法性空慧，就是大乘佛教的核心智慧。

唯識學的前身，就是部派佛教時期的聲聞學派，也就是「說一切有部」。為何說一切有？就是完全從相有立場，看待一切。說一切有部，認為一切從現象上，仍執著於建立最小最基本的實有自性。如舉一尺長的木條，切一半剩半尺，再切一半剩四分之一尺，再切一半剩八分之一尺，如是不斷地切一半下去，會急劇地變短，短、短、短，短到幾乎沒有長度了，接近「鄰虛質」，卻還是認為這就是「相有」的最基本的元素，此為分破空的方式，建立最小、最基本的元素，也就是建立「實有自性」。雖然他們也認為這一切的現象是假有的，但是卻又執著於必須建立在實有的自性上，也就是所謂「假必依實」。因而造成大乘佛教一千多年來，中觀般若系與唯識系的「空有之諍」。

不過，這兩大系統，卻非常明顯地，都建立在因緣與果報上，中觀般若系偏重於「性空」，注重於「因緣」的大原則性，故而稱空宗。而唯識系偏重於「相有」，重視於「果報」森羅萬象的描述，故而稱有宗。因此唯識系在第一大阿僧祇劫的修行過程，除了資糧位「十住、十行、十迴向」的三賢位，福報因緣的耕耘外，尚有煖、頂、忍、世第一的四加行，因為唯識學重相有，所以在四加行，智慧方面的提昇，更做了現象上非常細密的分析與描述，故而有四加行果位的分別。

我個人在慧學方面的修行心得：直接以中觀般若系的「性空」，在智慧的提昇，是比較直接且簡便。印順導師在《成佛之道》說到，我們在修十住的資糧位同時，著重於「空性勝解的修習成就，安住勝義」。修十行的同時，著重於「觀即空的假名有，以大悲心利益眾生」。修十迴向的同時，著重於「空假平等的觀慧」。

中觀般若系在三大阿僧祇劫的修行過程，宛如在三大段的高塔中，透過緣起法的「性空」，就是放下自性妄執，而向上提昇的特質，由凡夫超凡入聖，達於聖者的「性境」現前，唯識學亦以「性境」來定義，如同法性空慧所達到的境界。《解深密經》也說，達於「無二無別」的勝義諦，其實相當於中觀系的「中道不二」的諸法實相，表示向上提昇的最大關鍵，都必須是由相有的果報現象，深入到性空的因緣法，才是第一大阿僧祇劫圓滿的關鍵。

三大阿僧祇劫的修行過程，串起「生生不已的生命之流」，主要是第七、八兩識，做了「因」與「緣」的記錄。故而我們必須多修善因善緣，造善業，才能往生善道，尤其是人道，才有學佛行菩薩道到成佛的圓滿修行，因此「向善」修福報，也是學佛的重要基礎。透過「性空」，放下自性妄執，不斷地向上提昇果位，逐漸逐漸地「向上」修智慧，更是成佛之道的重要指標，這兩系是可以方便善巧地相互運用，相輔相成，日常就能以「福慧雙修，解行並重」為我們的修行功課！

希望大家能以《八識規矩頌》為自己的修行地圖，看清生命中的密碼，並參考本書所附的修行圖表，試著規畫自己轉凡成聖、轉識成智的修行功課。

〔附錄〕《八識規矩頌》

唐三藏法師玄奘奉詔撰

性境現量通三性，眼耳身三二地居，
遍行別境善十一，中二大八貪瞋癡。
五識同依淨色根，九緣八七好相鄰，
合三離二觀塵世，愚者難分識與根。
變相觀空唯後得，果中猶自不詮真，
圓明初發成無漏，三類分身息苦輪。
三性三量通三境，三界輪時易可知，
相應心所五十一，善惡臨時別配之。
性界受三恆轉易，根隨信等總相連，
動身發語獨為最，引滿能招業力牽。
發起初心歡喜地，俱生猶自現纏眠，

遠行地後純無漏，觀察圓明照大千。
帶質有覆通情本，隨緣執我量為非，
八大遍行別境慧，貪癡我見慢相隨。
恆審思量我相隨，有情日夜鎮昏迷，
四惑八大相應起，六轉呼為染淨依。
極喜初心平等性，無功用行我恆摧，
如來現起他受用，十地菩薩所被機。
性唯無覆五遍行，界地隨他業力生，
二乘不了因迷執，由此能興論主諍。
浩浩三藏不可窮，淵深七浪境為風，
受熏持種根身器，去後來先作主公。
不動地前纔捨藏，金剛道後異熟空，
大圓無垢同時發，普照十方塵剎中。